Kohlhammer

Praxiswissen Erziehung

Eine Übersicht aller lieferbaren und im Buchhandel angekündigten Bände der Reihe finden Sie unter:

 https://shop.kohlhammer.de/praxiswissen-erziehung

Die Autorinnen

Prof. Dr. Karin Bräu lehrt und forscht am Institut für Erziehungswissenschaft der Johannes Gutenberg-Universität Mainz und leitet den Arbeitsbereich ›Heterogenität und Ungleichheit‹ (im Kontext Schule). Die Arbeitsschwerpunkte sind Hausaufgaben, Inklusion, Differenzforschung und soziale Ungleichheit, insbesondere mit Mitteln der Ethnografie. E-Mail: braeu@uni-mainz.de

Dr. Laura Fuhrmann ist wissenschaftliche Mitarbeiterin im Arbeitsbereich Heterogenität und Ungleichheit am Institut für Erziehungswissenschaft an der Johannes Gutenberg-Universität Mainz. Sie studierte die Fächer Biologie und Geschichte auf Lehramt. Zu ihren Forschungs- und Arbeitsschwerpunkten zählen ethnographische Schul- und Unterrichtsforschung, Hausaufgaben, Differenzforschung und soziale Ungleichheit. E-Mail: lafuhrma@uni-mainz.de

Karin Bräu/Laura Fuhrmann

Hausaufgaben

Praxis verstehen, Praxis verändern

Verlag W. Kohlhammer

Dieses Werk einschließlich aller seiner Teile ist urheberrechtlich geschützt. Jede Verwendung außerhalb der engen Grenzen des Urheberrechts ist ohne Zustimmung des Verlags unzulässig und strafbar. Das gilt insbesondere für Vervielfältigungen, Übersetzungen, Mikroverfilmungen und für die Einspeicherung und Verarbeitung in elektronischen Systemen.

Die Wiedergabe von Warenbezeichnungen, Handelsnamen und sonstigen Kennzeichen in diesem Buch berechtigt nicht zu der Annahme, dass diese von jedermann frei benutzt werden dürfen. Vielmehr kann es sich auch dann um eingetragene Warenzeichen oder sonstige geschützte Kennzeichen handeln, wenn sie nicht eigens als solche gekennzeichnet sind.

Es konnten nicht alle Rechtsinhaber von Abbildungen ermittelt werden. Sollte dem Verlag gegenüber der Nachweis der Rechtsinhaberschaft geführt werden, wird das branchenübliche Honorar nachträglich gezahlt.

Dieses Werk enthält Hinweise/Links zu externen Websites Dritter, auf deren Inhalt der Verlag keinen Einfluss hat und die der Haftung der jeweiligen Seitenanbieter oder -betreiber unterliegen. Zum Zeitpunkt der Verlinkung wurden die externen Websites auf mögliche Rechtsverstöße überprüft und dabei keine Rechtsverletzung festgestellt. Ohne konkrete Hinweise auf eine solche Rechtsverletzung ist eine permanente inhaltliche Kontrolle der verlinkten Seiten nicht zumutbar. Sollten jedoch Rechtsverletzungen bekannt werden, werden die betroffenen externen Links soweit möglich unverzüglich entfernt.

1. Auflage 2024

Alle Rechte vorbehalten
© W. Kohlhammer GmbH, Stuttgart
Gesamtherstellung: W. Kohlhammer GmbH, Stuttgart

Print:
ISBN 978-3-17-035260-5

E-Book-Formate:
pdf: ISBN 978-3-17-035261-2
epub: ISBN 978-3-17-035262-9

Inhalt

1	Einleitung	7
2	Was wir aus der Forschung über Hausaufgaben wissen	10
3	Hausaufgaben aufgeben	18
4	Aufgaben	46
5	Hausaufgabenmachen zu Hause	60
6	Unterstützung und Beteiligung beim Hausaufgabenmachen	74
7	Hausaufgabenbetreuung an Ganztagsschulen	115
8	Hausaufgabenkontrolle	130
9	Hausaufgabenbesprechungen	145
10	Hausaufgaben und Leistung	160
11	Fazit	176
	Literatur	181

1   Einleitung

Hausaufgaben sind an den meisten Schulen ein selbstverständlicher Bestandteil des Lernkonzeptes. Kinder und Jugendliche sollen den Unterrichtsstoff zu Hause nachbereiten, Aufgaben bearbeiten, üben, Vokabeln lernen, etwas im Internet recherchieren oder fertigstellen, was sie im Unterricht angefangen und nicht zu Ende gebracht haben. Manchmal sollen sie auch schon etwas für das kommende Thema vorbereiten oder von zu Hause mitbringen. Diese Aufgaben werden vielleicht bereitwillig, selbstständig und ohne Probleme erledigt oder machen manchmal sogar Spaß. In vielen Fällen aber herrscht Unlust vor, Aufgaben werden aufgeschoben, nur langsam und mit Mühe oder auch gar nicht bearbeitet. Manchmal gibt es dann Unterstützung von Eltern oder anderen Familienmitgliedern. Gerne werden auch Hausaufgabenportale, Chats mit Klassenkamerad:innen und neuerdings KI genutzt. Viele Eltern kontrollieren – zumindest bis etwa zum 7. Schuljahr – die Hausaufgaben, ob alles bearbeitet und richtig ist. Auf diese Weise kommt jedoch über Hausaufgaben auch einiges an Ärger und Streit in die Familie (Moroni, Dumont & Trautwein, 2016a). Aber auch im Unterricht sind neben den erwünschten Effekten Ärger, negative Sanktionen, manchmal auch Beschämungen Begleiterscheinungen von Hausaufgaben (Fuhrmann, 2022), insbesondere wenn sie nicht gemacht wurden oder wenn den Schüler:innen Abschreiben unterstellt wird. Das Aufgeben, Kontrollieren und Besprechen von Hausaufgaben scheint bisweilen selbst den Lehrer:innen lästig zu sein, kommt nicht immer gelegen und nimmt viel Unterrichtszeit in Anspruch.

Und dennoch: Die Akzeptanz von Hausaufgaben ist bei Lehrer:innen und Eltern und selbst bei den Schüler:innen relativ hoch. Der Nutzen der Verlängerung der (eigenständigen) Lernzeit über den Unterricht hinaus scheint zu groß, sodass die negativen Begleiterscheinungen kaum in Frage gestellt werden. Ob Hausaufgaben aber

1 Einleitung

wirklich den Lernerfolg verbessern, ist wissenschaftlich durchaus umstritten. Das ist einer der Gründe, warum die Debatten um Hausaufgaben immer wieder aufflammen. Ein anderer ist, dass die Möglichkeiten, zu Hause Unterstützung bei den Hausaufgaben geben zu können, in den Familien sehr unterschiedlich sind und dies als ungerecht empfunden wird. Schließlich gehen Hausaufgaben direkt und indirekt in Leistungsbewertungen ein. Dies ist nicht zuletzt einer der Gründe, die dafürsprechen, das schulische Lernen weitgehend in der Schule zu belassen, und die zur Einrichtung von Angeboten der Hausaufgabenbetreuung an den meisten Ganztagsschulen führten.

Hausaufgaben sind also ein Thema, das bewegt und strittig ist. Dieser Band möchte anregen, sich dieser Praxis vielseitig und aus unterschiedlichen Perspektiven anzunähern und jenseits bekannter Sichtweisen und Argumente möglichst unvoreingenommen auf sie zu schauen. Hierfür fassen wir zunächst zusammen, was die Forschung an Wissen um Einstellungen und Wirkungen rund um Hausaufgaben hervorgebracht hat (▶ Kap. 2). Der Kern des Bandes liegt aber in der Analyse der Praxis, wie sie alltäglich zu beobachten ist und erlebt wird. Dabei legen wir Beschreibungen von Situationen rund um Hausaufgaben vor, die wir analysieren und diskutieren möchten. Die meisten dieser Beispiele sind im Kontext von Forschungsprojekten in unserem Arbeitsumfeld entstanden oder sind protokollierte Beobachtungen von Lehramtsstudierenden. Darüber hinaus haben wir publizierte Fälle von Kolleg:innen einbezogen, um möglichst viele Facetten der Hausaufgabenpraxis in unterschiedlichen Situationen und unter Involvierung der verschiedenen Beteiligten sichtbar zu machen und diskutieren zu können. Die Verweise auf die jeweiligen Publikationen sind direkt unter den entsprechenden Fällen vermerkt. Die Mehrheit der Fälle stammt aus dem Gymnasium oder der Gesamtschule, darüber hinaus werden auch Situationen aus anderen Schulformen einbezogen, z. B. aus Grund- oder Hauptschulen. Wir fragen danach, was in jeder dieser Szenen geschieht, welche Effekte und Konsequenzen die Handlungsweisen haben, welcher Sinn zum Ausdruck gebracht wird und welche nicht beabsichtigten Nebenwirkungen das Geschehen hat. Sind die Szenen Beispiele gelungener

1 Einleitung

Praxis? Wenn ja, was gefällt uns daran, und wenn nein, welche Alternativen des Handelns gäbe es?

Nach der Beschreibung der jeweiligen Szene(n)[1] möchten wir Sie zunächst durch Fragen anregen, das Geschehen selbst zu betrachten, zu analysieren oder direkt in eine Diskussion mit Kolleg:innen, Schüler:innen und/oder (anderen) Eltern zu starten. Anschließend beleuchten wir die Szene aus unserer Sicht – im Idealfall von mehreren Seiten und unter unterschiedlichen Gesichtspunkten. Dabei werden wir in den einzelnen Kapiteln alle Phasen des Homework-Cycles (Landers, 2013), also vom Aufgeben (▶ Kap. 3 und ▶ Kap. 4) über das Bearbeiten (▶ Kap. 5, ▶ Kap. 6 und ▶ Kap. 7) zum Kontrollieren und Besprechen der Aufgaben (▶ Kap. 8, ▶ Kap. 9 und ▶ Kap. 10) betrachten.

Gleichwohl wir keinen Hehl daraus machen möchten, dass wir einiges an der Praxis des Aufgebens, Anfertigens, Kontrollierens, Besprechens und Bewertens von Hausaufgaben kritisch sehen, möchten wir in diesem Band keinen moralischen Zeigefinger erheben und auch keine Ratschläge erteilen. Nein, das ganze Thema ist komplex, die Forschungslage uneindeutig und die Bedingungen an jeder Schule, bei jeder Lehrperson, bei jedem Schüler/jeder Schülerin und in jeder Familie sind so unterschiedlich, dass es gar keine eindeutigen Vorgaben geben kann, wie eine gute Hausaufgabenpraxis aussehen sollte. Stattdessen möchten wir Seiten von Hausaufgaben zeigen, die Sie so vielleicht noch nicht betrachtet haben (vgl. auch Bräu, Fuhrmann & Rother, 2023) und Anregungen zur Reflexion, Diskussion und zum bewussten Umgang mit Hausaufgaben geben.

---

1 Zum Teil wurden einzelne Passagen der Fälle gekürzt, um die für das jeweilige Kapitel zentralen Aspekte der Situation stärker in den Mittelpunkt zu rücken. Wenn solche Kürzungen vorgenommen wurden, ist dies durch Auslassungszeichen markiert.

2 Was wir aus der Forschung über Hausaufgaben wissen

Unter Hausaufgaben werden im engeren Sinn Aufgaben verstanden, die von Lehrpersonen aufgegeben werden und die in der Regel nach der verbindlichen Unterrichtszeit bearbeitet werden sollen (Hintz, Pöppel & Rekus, 1995, S. 139). In einem weiteren Verständnis werden unter Hausaufgaben alle Aktivitäten zusammengefasst, die Schüler:innen im Zusammenhang mit Unterricht und schulischen Prüfungen außerhalb des Unterrichts vollziehen, was auch freiwilliges Lernen, Nachhilfe, Vor- und Nachbereitung oder Zusatzübungen einschließt (Nilshon, 2001, S. 231). Neben dem namensgebenden häuslichen Umfeld als Erledigungsort ist im Zuge der Ausweitung von Ganztagsschulen in Deutschland die Hausaufgabenbetreuung in der Schule bedeutsamer geworden.

Hausaufgaben haben unterschiedliche Funktionen und Ziele: Neben der Funktion, dass Eltern über Hausaufgaben Lerninhalte und -fortschritte ihrer Kinder kontrollieren können (Informationsfunktion), werden meist didaktische von erzieherischen Funktionen unterschieden (Standop, 2013, S. 41–57). Zu den didaktischen bzw. unterrichtlichen Funktionen zählen v. a. die den Unterricht vor- und nachbereitenden Aktivitäten, wohingegen die Hausaufgaben erzieherisch auf die Ausbildung eines eigenverantwortlichen Arbeitsmanagements, die Förderung von damit verbundenen Tugenden sowie auf die Entwicklung von Interesse an Themen und Motivation zu selbstständigem Weiterlernen abzielen.

Inwiefern diese Ansprüche tatsächlich eingelöst werden, zeigt die empirische Forschung nicht ganz widerspruchsfrei.[2]

---

2 Für eine ausführlichere Darstellung des Forschungsstandes zu Hausaufgaben siehe Bräu und Fuhrmann (2022) oder Standop (2013).

Einstellungen zu Hausaufgaben und Wirksamkeit

Sowohl ältere (Wittmann, 1964; Petersen, Reinert & Stephan, 1990) als auch neuere Befragungen (Standop, 2013) verweisen darauf, dass alle beteiligten Akteur:innen Hausaufgaben eine relativ hohe Bedeutung zumessen und die Akzeptanz groß ist. Dabei liegt die Zustimmung zu Hausaufgaben bei den Schüler:innen und Eltern sogar noch höher als bei den Lehrkräften (ebd., S. 130f.). Ob Hausaufgaben aber tatsächlich wirksam sind, muss differenziert betrachtet werden. In der bekannten Hattie-Studie (2008) zeigt sich nur ein geringer positiver Effekt von Hausaufgaben, der allerdings sehr stark von Bedingungen wie Alter, Leistungsniveau, Fach, Art der Aufgabe und deren Einbettung in den Unterricht abhängig ist. Im Durchschnitt profitieren v.a. ältere und leistungsstärkere Schüler:innen von Hausaufgaben. Insbesondere die regelmäßige Erteilung von Hausaufgaben fördert die Lernentwicklung (Trautwein, Köller & Baumert, 2001), wohingegen eine große Menge an Aufgaben meist negative Auswirkungen hat (ebd., S. 715; Schnyder et al., 2006).

Eine regelmäßige Hausaufgabenbearbeitung durch die Lernenden hat einen stärkeren positiven Einfluss auf die Leistung als eine lange Bearbeitungszeit (Haag & Mischo, 2002). Auch die Motivation der Schüler:innen bei der Hausaufgabenbearbeitung ist der Leistungssteigerung zuträglich. Gleichzeitig erweisen sich Schüler:innen motivierter für Hausaufgaben, wenn sie sich für die Inhalte interessieren und sie als nützlich empfinden (Trautwein & Lüdtke, 2009; Dettmers, Trautwein & Lüdtke, 2009). Schließlich ist auch die Art der Einbindung in den Unterricht entscheidend für die Wirksamkeit von Hausaufgaben. Während Erledigungskontrollen nur geringe Effekte nachgesagt werden, zeigen Studien einen positiven Einfluss von inhaltlichen Rückmeldungen zu Hausaufgaben auf die Leistungsentwicklung (Lipowsky et al., 2004). Insgesamt ist die Wirksamkeit von Hausaufgaben also sehr voraussetzungsreich.

2 Was wir aus der Forschung über Hausaufgaben wissen

Studien zur Hausaufgabenvergabe

In Befragungen geben Lehrer:innen an, dass Hausaufgaben didaktisch überdacht sein müssten und dem selbstständigen Lernen dienen sollten, doch stehen diesen Zielsetzungen in der Praxis nicht immer entsprechende Vorüberlegungen gegenüber. Häufig werden Reproduktions- und Nachbereitungsaufgaben gestellt und selten besonders anregende Hausaufgaben ausgewählt, die den Schüler:innen Spielraum zur Entwicklung von eigenen Lösungswegen bieten würden. Ebenfalls selten sind differenzierende Aufgaben (Kohler, 2020; Standop, 2013; Hascher & Hofmann, 2008), obwohl viele Lehrer:innen gegenüber innerer Differenzierung auch im Hausaufgabenkontext positiv eingestellt sind (Petersen, Reinert & Stephan, 1990).

Was die Häufigkeit von Hausaufgaben betrifft, geben die meisten Grundschullehrer:innen eine tägliche Vergabe und viele Fachlehrer:innen der Sekundarstufe das Erteilen von Hausaufgaben in jeder Unterrichtsstunde an (Roßbach, 1995; Standop, 2013). Im Unterricht werden für das Aufgeben der Hausaufgaben – in der Regel am Ende der Stunde – nach Auskunft der Lehrkräfte maximal fünf Minuten verwendet, nur ein kleiner Anteil nimmt sich regelmäßig zehn Minuten oder länger dafür Zeit (Kohler, 2020; Petersen, Reinert & Stephan, 1990). Die Hausaufgabenvergabe stellt damit ein oftmals flüchtiges und endständiges unterrichtliches Ereignis dar, wodurch die erteilten Aufgabenstellungen leicht untergehen und/oder durch andere Tätigkeiten der Schüler:innen überlagert werden können. Die Kontakte zu den Mitschüler:innen erweisen sich dahingehend als entscheidende Ressource, um noch nachträglich in Erfahrung bringen zu können, welche Aufgaben erteilt wurden (Fuhrmann, 2023a).

Studien zur Hausaufgabenbearbeitung

Was die Dauer der Hausaufgabenbearbeitung betrifft, gibt es große Unterschiede zwischen den Schüler:innen. So wird herausgestellt, dass jüngere Kinder weniger Zeit mit Hausaufgaben als Schüler:innen höherer Klassenstufen (Roßbach, 1995; Wagner, 2005), Jungen weniger Zeit als Mädchen (Fölling-Albers, Haider & Meidenbauer, 2010; Xu, 2006) und Schüler:innen an Hauptschulen weniger Zeit als diejenigen an Gymnasien (Rolff et al., 1982) verbringen.

Verbunden ist die Hausaufgabenbearbeitung bei sehr vielen Schüler:innen (zumindest bis etwa zum 7. Schuljahr) mit der Beteiligung von Eltern oder anderen Familienangehörigen (Killus & Paseka, 2014). Angefangen von der Bereitstellung von Arbeitsplätzen (Kesselhut, 2023; Krinninger et al., 2018), was bisweilen auch das Freiräumen des Familientisches umfasst und die Versorgung mit Getränken einschließt (Nieswandt, 2014, S. 182), wird die Bearbeitung auch durch Anregung, Instruktion und Kontrolle begleitet (Trudewind & Wegge, 1989). Daneben gibt es eine ganze Reihe weiterer Beteiligungsformen (Wingard & Forsberg, 2009), etwa Strukturgebung (Grolnick & Pomerantz, 2009) oder langwierige Recherchen für das Kind (Bräu, 2017a, S. 19).

Im Hinblick auf die Qualität der elterlichen Beteiligung unterscheiden Wild und Gerber (2007, S. 368 ff.) funktionale von dysfunktionalen Strategien der Hausaufgabenhilfe. Als dysfunktional werden v. a. stark kontrollierendes Verhalten und die direkte Einmischung in die Bearbeitung von Hausaufgaben verstanden. Dagegen wirke sich eine autonomiebegünstigende, auf indirekte Unterstützung setzende elterliche Haltung langfristig förderlich auf die Leistungsbereitschaft und die Motivation von Schüler:innen aus (Cooper et al., 2000; Dumont et al., 2012). Allerdings ist die gemeinsame Arbeit mit den Eltern bisweilen auch konfliktbehaftet, sodass viele Schüler:innen Einmischungen der Eltern, auch was den Zeitpunkt des Hausaufgabenmachens betrifft, zurückweisen und nur bei Bedarf Eltern hinzuziehen möchten (Budde & Bittner, 2018, S. 336; Dannesboe, 2016).

Inwiefern es einen Zusammenhang zwischen elterlichen Beteiligungsformen und familienstrukturellen sowie sozioökonomischen Merkmalen der Familie gibt, ist unklar. Zwar scheint dies naheliegend, wenn etwa Lange und Thiessen (2018) den Auftrag an Eltern, »Bildungscoaches« ihrer Kinder zu sein, dahingehend kritisch diskutieren, dass die Familie als Bildungswelt soziale Ungleichheit verschärfe. Moroni et al. (2016b) können jedoch keinen Zusammenhang zwischen den Typen elterlicher Beteiligung und Familienmerkmalen erkennen. Kaufmann und Wach (2010) hingegen zeigen zwar, dass in allen Milieus kontrollierendes Verhalten der Eltern und ein stark an der Produktion richtiger Ergebnisse und guter Noten orientiertes Verhalten zu verzeichnen ist. Allerdings sei eine am Verstehen ausgerichtete Kontrolle im Gegensatz zur ausschließlichen Überprüfung, ob das Kind die Hausaufgaben ordentlich gemacht habe, eher in Familien des mittleren und höheren sozioökonomischen Status zu finden (ebd., S. 130–133). Chandler et al. (1986) sehen einen Unterschied hinsichtlich unterstützender Elternbegleitung eher in der Bildungsaspiration als im Wohlstandsstatus.

Für die Jugendlichen stehen Hausaufgaben oft in einem zeitlichen Konflikt zu Freizeit und Peeraktivitäten. Und egal, wem sie Priorität einräumen, dem Lernen oder den Freizeitaktivitäten, wirkt sich die jeweils nicht gewählte Aktivität beeinträchtigend auf die gewählte aus, sei es durch ein schlechtes Gewissen, nicht für die Schule zu arbeiten, sei es durch schwindende Motivation für schulische Aufgaben, wenn alternativ Freund:innen zum Spielen auf einen warten (Hofer et al., 2008). Das Abschreiben bietet dahingehend eine Möglichkeit, diese Konflikte zu entschärfen (Kohler & Katenbrink, 2023). Die Verbreitung des Abschreibens von Hausaufgaben wird von Kohler et al. (2013) als alters-, geschlechts- und fachabhängig gesehen. Hierfür sind heute neben den klassischen Formen des Abschreibens insbesondere die neuen Medien interessant geworden (Rummler, 2018). WhatsApp-Gruppen sowie einschlägige Portale und Blogs ermöglichen das Verschicken von Hausaufgaben; ob solche Veröffentlichungen auch dem Abschreiben dienen, konnte Rummler allerdings nicht nachweisen (ebd., S. 57). Unabhängig davon stellen neue Medien eine große Hilfe bei der Hausaufgabenbearbeitung dar. Nach der JIM-Studie (Medienpädagogischer Forschungsverbund Südwest, 2016) werden nämlich Online-Medien wie Google, Wikipedia, YouTube-Erklärvideos oder eben Hausaufgabenportale je nach Alter und Geschlecht zwischen 30 und 45 Minuten täglich für das Hausaufgabenmachen genutzt (ebd., S. 46). Zur Nutzung von KI (z. B. Chat-GPT) liegen zum Zeitpunkt dieser Publikation noch keine belastbaren Studien vor.

Studien zur Hausaufgabenkontrolle, -besprechung und -bewertung

Die Mehrheit der Lehrkräfte gibt an, eine Kontrolle und Besprechung der Hausaufgaben in jeder Unterrichtsstunde oder häufig durchzuführen (Hascher & Hofmann, 2008). Allerdings erstreckt sich diese Kontrolle nicht immer auf alle, sondern bisweilen nur auf einzelne Schüler:innen (vgl. auch Roßbach, 1995). Für einen großen Teil der Lehrkräfte steht zwar nach eigenen Angaben der Lösungsweg im Vordergrund, im Verlauf der Besprechung rückt dieser aber gegenüber einer Produktorientierung, also ob eine Lösung im Heft steht oder nicht, in den Hintergrund. Wie oben aufgeführt, hat aber gerade die inhaltliche Besprechung der Hausaufgaben eine förderliche Wirkung auf Leistung und Motivation der Schüler:innen (Haag, 1991; Lipowsky et al., 2004).

Für den Umgang mit fehlenden Hausaufgaben sind Unterschiede zwischen verschiedenen Schulformen auszumachen: Während am Gymnasium eine pragmatische Orientierung bei fehlenden Hausaufgaben dominiert, sind an der Sekundarschule Kontroll-, Disziplinierungs- und Moralisierungspraktiken häufig (Zaborowski & Breidenstein, 2011, S. 155). Ähnliche Unterschiede stellen Budde und Geßner (2017; vgl. auch Geßner, 2015) bei Hausaufgabenbesprechungen an einem Gymnasium, einer Sekundar- und einer Gesamtschule fest. Sie schlussfolgern, dass am Gymnasium die sachlich-inhaltliche Dimension des Unterrichts im Vordergrund stehe (Budde & Geßner, 2017, S. 248f.), während an Sekundar- und Gesamtschulen nicht selten erzieherischen und disziplinarischen Maßnahmen im Zusammenhang mit Hausaufgaben Priorität vor den Inhalten eingeräumt wird (ebd., S. 242 und 245).

›Haus‹aufgaben an Ganztagsschulen

In gebundenen Ganztagsschulen existieren Hausaufgaben im klassischen Sinn oft nicht mehr, vielmehr sind entsprechende Aufgaben in den Unterricht oder in Selbstlernzeiten integriert. Die meisten offenen Ganztagsschulen bieten eine Hausaufgabenbetreuung an (StEG-Konsortium, 2019, S. 105), die in der Regel vom vorwiegend vormittags stattfindenden Unterricht getrennt abläuft und für viele Eltern das wichtigste Argument ist, sich für eine Ganztagsschule zu entscheiden (Dieckmann et al., 2007, S. 167). Die Eltern haben hohe Erwartungen an Verlässlichkeit und Qualität dieser Betreuung (Höhmann & Schaper, 2008, S. 578; Standop, 2013, S. 236), auch insofern, als ausgebildetes pädagogisches Personal die Lernunterstützung bei den Hausaufgaben besser leisten könne als sie selbst (Börner et al., 2010, S. 210; Beher et al., 2007, S. 147).

Gemessen an ihren hohen Erwartungen betrachten Eltern die Realität der Hausaufgabenbetreuung an der offenen Ganztagsschule allerdings eher kritisch. Sie wünschen sich eine bessere personelle Ausstattung und eine intensivere Förderung ihrer Kinder (Nordt, 2013, S. 58f.). Dabei wird auch der fehlende Kontakt der Klassenlehrkräfte zum Nachmittagsbereich einschließlich der Hausaufgabenbetreuung beklagt (Standop, 2013, S. 234f.). Das Konzept der Hausaufgabenbetreuung an Ganztagsschulen wird den damit verbundenen Wünschen und Ansprüchen der Eltern somit nicht voll gerecht.

Fazit

Die empirische Forschung zeigt, was viele Schüler:innen, Lehrer:innen und Eltern auch so wissen: Hausaufgaben können den Lernfortschritt, die Lernmotivation und das selbstständige Arbeiten von Schüler:innen unter guten Bedingungen verbessern. Sie können im Alltag aber auch wirkungslos oder sogar kontraproduktiv sein, wenn solche positiven Effekte von langweiligen oder zeitfressenden Aufgaben, priorisierten Freizeitinteressen, konfliktbehafteten Bearbeitungssituationen, stark kontrollierendem Verhalten von Eltern und Lehrer:innen, Sanktionen bei fehlenden Hausaufgaben oder von feedbackarmen Besprechungen überlagert werden.

Was die empirische Hausaufgabenforschung im Überblick zeigt, soll im Folgenden an ganz konkreten Fällen im Kleinen untersucht werden. Was geschieht in der Praxis rund um Hausaufgaben, wenn man mal genau hinschaut? Und was kann man daraus für eine gute Praxis lernen? Oder sollte man Hausaufgaben ganz abschaffen? Machen Sie sich selbst ein Bild!

3 Hausaufgaben aufgeben

Die Vergabe von Hausaufgaben zählt zu den Phasen der Hausaufgabenpraxis, die wissenschaftlich bislang eher randständig untersucht wurde. Das ist insofern verwunderlich, als dass mit der Hausaufgabenvergabe der ›Kreislauf‹ der Hausaufgaben in Gang gesetzt wird – sie stellt den Auftakt für alle nachfolgenden Phasen dar: die sich anschließende Hausaufgabenbearbeitung sowie eine spätere Wiedereinbindung in den Unterricht in Form einer Kontrolle und/oder Besprechung. Ein Blick auf die Hausaufgabenvergabe verspricht nun Aufschluss zu geben, was zu welchen Zeiten unter Einbezug welcher Medien bei der Hausaufgabenvergabe im Unterricht geschieht. Aufgegriffen werden drei relevante Themen: Zunächst der Zeitpunkt der Vergabe und der Umfang von Aufgaben (▶ Kap. 3.1), die Dokumentation der Aufgaben in unterschiedlichen Medien (▶ Kap. 3.2) sowie Disziplinierung und Konflikte (▶ Kap. 3.3), die mit der Hausaufgabenvergabe verbunden sein können.

3.1 Zeitpunkt und Umfang der Vergabe

Hausaufgaben werden oftmals am Ende von Unterrichtsstunden vergeben (Kohler, 2020), demgegenüber lassen sich nur selten auch andere Zeitpunkte der Hausaufgabevergabe beobachten. Mit den je verschiedenen Zeitpunkten, zu denen Hausaufgaben im Unterricht erteilt werden, eröffnen sich unterschiedliche Möglichkeiten oder auch Begrenzungen für die Vermittlung der Aufgaben. Zudem wirkt sich auch die jeweilige Menge der erteilten Hausaufgaben auf deren Vergabe aus. Dem soll mit den folgenden Fällen nachgespürt werden.

3.1 Zeitpunkt und Umfang der Vergabe

Zeitpunkte der Hausaufgabenvergabe

Mit den folgenden zwei Fällen rücken verschiedene Zeitpunkte der Hausaufgabenvergabe im Unterricht in den Blickpunkt. Zunächst eine Vergabe am Ende einer Erdkundestunde in einer 6. Klasse:

> Es sind nur noch wenige Minuten bis zum Ende der 5. Stunde. In der 6. Stunde haben die Schüler:innen Englisch bei einer anderen Lehrperson. Es gibt kein Klingelzeichen, denn dieses ertönt nur nach den Doppelstunden im Übergang zur Pause.
> Die Schüler:innen haben schon ihr Englischbuch herausgeholt und den Vokabelteil im hinteren Teil des Buches aufgeschlagen. Sie schreiben wohl einen Englischtest, was sie bereits in der vorherigen Deutschstunde erwähnt haben. Frau Kurze nimmt ihren Rucksack und wirft noch einen kurzen Blick rechts ins Klassenbuch, das aufgeschlagen auf dem Tisch liegt. »Ahhh« macht sie und dreht sich schnell zur Tafel um. Sie klopft mit der Faust auf die Tafel und ruft: »Stopp! Hausaufgabe!«
> Die Schüler:innen stöhnen auf. Frau Kurze schreibt mit rasanter Geschwindigkeit ›Protokolliere deinen Fleischverzehr in einer Woche (bis Montag)‹ an die Tafel.
> Erdkunde Klasse 6, Gymnasium (aus: Fuhrmann, 2022, S. 86)

Schauen wir nun auf ein Kontrastbeispiel, eine Hausaufgabenvergabe im Verlauf einer Unterrichtsstunde:

> Die Hälfte der Stunde ist nun vorüber, die Schüler:innen arbeiten an den Aufgaben, Frau Kurze steht vorne am Pult und wirft einen Blick in ihre Unterlagen. Dann dreht sie sich um und schreibt die Hausaufgabe an der Seitentafel an:
>
> 1) Bericht Spürnasen im Schnee mit der Musterlösung zu Ende vergleichen
> 2) Fußballtraining einmal anders → W-Fragen

3 Hausaufgaben aufgeben

> Nachdem Frau Kurze die Hausaufgabe angeschrieben hat, geht sie in die Mitte. Sie fordert die Schüler:innen auf, die Arbeit zu unterbrechen. Die Schüler:innen schreiben weiter, einige reden mit ihren Mitschüler:innen. »Hände hoch« ruft Frau Kurze. Die Schüler:innen blicken auf und legen ihre Stifte weg. Die Hände gehen nach oben. Frau Kurze wartet, bis alle Hände oben sind. »Ihr bekommt von mir als Hausaufgabe zwei Aufgaben«, fährt sie fort, die Schüler:innen nehmen ihre Hände wieder nach unten. Sie erläutert, dass der Bericht vollständig mit der Musterlösung verglichen werden soll und dann die W-Fragen aus dem Text »Fußballtraining einmal anders« rausgeschrieben werden sollen.
> Deutsch Klasse 6, Gymnasium

- Welche Vorteile sind mit einer Hausaufgabenvergabe in der Mitte bzw. am Ende der Unterrichtsstunde verbunden? Welche Nachteile sehen Sie jeweils?
- Welche Techniken würden Sie als hilfreich ansehen, damit die Hausaufgabenvergabe im Verlauf des Unterrichts nicht in Vergessenheit gerät und in die Unterrichtsvorgänge eingebunden wird?
- Wie würden Sie vorgehen, wenn Sie bemerken, dass die Schüler:innen mit anderen (Unterrichts-)Tätigkeiten beschäftigt sind, sodass die Hausaufgabenvergabe unbemerkt bleibt? Wie können Unterbrechungen von Unterrichtstätigkeiten für Schüler:innen minimiert werden?

Die Hausaufgabenvergabe in der ersten Szene erfolgt am Ende der Unterrichtszeit, im Übergang zur Folgestunde. Die Tätigkeiten der Schüler:innen sind bereits auf den anstehenden Englischunterricht ausgerichtet und auch die Lehrerin ist dabei, das Klassenzimmer zu verlassen, was durch den Griff nach ihrem Rucksack deutlich wird. Allerdings scheint der Blick ins Klassenbuch die Hausaufgabe in Erinnerung zu rufen, die bislang noch nicht erteilt wurde. Der Ausruf von Frau Kurze markiert die Hausaufgabenvergabe als Anliegen, das

3.1 Zeitpunkt und Umfang der Vergabe

in Vergessenheit geraten ist und nun noch unter Zeitdruck nachgeholt werden muss. Die Tafel wird zum zweifachen Hilfsmittel für die Hausaufgabenvergabe: So stellt das Klopfen auf die Tafel zunächst ein akustisches Signal dar, um die Aufmerksamkeit der Schüler:innen zurückzugewinnen, der anschließend vorgenommene Anschrieb verdeutlicht dann die Hausaufgabenstellung. Die Schüler:innen markieren demgegenüber ihren Unmut über die späte Hausaufgabenvergabe, mit der überdies ihre vorbereitenden Tätigkeiten auf den Englischtest unterbrochen werden.

Mit einer Hausaufgabenvergabe ganz am Ende der Unterrichtszeit oder gar im Übergang zu Folgestunden oder Pausen ergibt sich für Lehrer:innen sowohl Zeitdruck, die Hausaufgabe noch bekannt zu geben als auch eine erhöhte Notwendigkeit, die Aufmerksamkeit der Schüler:innen zurückzugewinnen, wenn diese bereits auf andere Tätigkeiten ausgerichtet ist. Gleichzeitig lässt sich nach der Relevanz der Hausaufgabe im Unterricht fragen, wenn sie in dessen Verlauf in Vergessenheit gerät. Auch für die Schüler:innen erhält die Hausaufgabe in solch einer verspäteten Vergabe leicht den Status eines nachträglichen Anhängsels an den Unterricht, der sich nicht zwingend aus den Unterrichtsinhalten ergibt, sondern lediglich der täglichen Routine geschuldet ist. Darüber hinaus ist mit der Platzierung der Hausaufgabenvergabe am Ende der Stunde auch das Risiko verbunden, dass keine Zeit mehr für mögliche Rückfragen von Schüler:innen bleibt.

Demgegenüber wird die Hausaufgabe im zweiten Fall im Verlauf der Unterrichtsstunde erteilt. Ähnlich wie in der ersten Szene sind die Schüler:innen mit anderen Tätigkeiten beschäftigt, die hier in der Auseinandersetzung mit einer Unterrichtsaufgabe bestehen. Während sie noch in die Aufgaben vertieft sind, schreibt die Lehrerin die Hausaufgabe an der Seitentafel an. Trotz der Visualisierung an der Tafel droht die Hausaufgabe nun auch in dieser Unterrichtsstunde unterzugehen, wenn sie von den Schüler:innen über die Beschäftigung mit anderen Tätigkeiten nicht registriert wird (Fuhrmann, 2023a, S. 83 f.; 2022, S. 201 f.). Dies scheint auch der Lehrerin aufzufallen, denn sie unterbricht die Arbeit der Schüler:innen, um explizit auf die Hausaufgabe hinzuweisen und diese auch zusätzlich zu erläutern. Indem die Lehrerin die Aufmerksamkeit der Schüler:innen auf die Hausaufgabenvergabe lenkt, unterstützt sie, dass diese zur Kenntnis genommen und nicht durch die parallel erfolgenden Tätigkeiten überlagert wird. Dies hat allerdings den Preis, dass Schüler:innen bei der aktuellen Aufgabenbearbeitung unterbrochen werden und danach erst wieder den Anschluss finden müssen.

Auch hier wird also der Hausaufgabenvergabe gegenüber den Schüler:innenaktivitäten Priorität eingeräumt. Im Unterschied zum ersten Fall findet die Unterbrechung allerdings innerhalb des Unterrichts statt, sodass den Schüler:innen nicht die Übergangszeit und damit verbundene Vorbereitung auf nachfolgende Unterrichtsstunden beschnitten wird. Überdies wird die Hausaufgabenvergabe für alle Beteiligten auch darüber entzerrt, dass sie nicht mit zeitlichem Druck am Ende der Stunde vergeben wird. Die Erteilung der Hausaufgabe sowie eine darauffolgende Rückkehr zu der Unterrichtsarbeit mit Zeit für deren Fertigstellung kann somit im Anschluss an die Hausaufgabenvergabe moderiert und miteinander verbunden werden.

Mit einer Hausaufgabenvergabe am Ende und im Verlauf der Unterrichtsstunde konnten zwei verschiedene Zeitpunkte für die Erteilung von Hausaufgaben im Unterricht gegenübergestellt und auf die damit verbundenen An- und möglichen Herausforderungen ausgelotet werden. Weitaus häufiger greifen Lehrpersonen auf eine Bekanntgabe der Hausaufgaben am Ende von Unterrichtsstunden zurück, mit der allerdings auch die oben aufgezeigten Risiken verbunden sein können, dass mit dem Studenende Informationen untergehen oder nicht mehr vermittelt werden können und die Relevanz der Hausaufgabe fraglich erscheint. Ausreichend Zeit für die Hausaufgabenvergabe in der Unterrichtsplanung kann demgegenüber dazu beitragen, den Schüler:innen die Aufgaben und die Anforderungen an deren Bearbeitung kenntlich zu machen und darüber auch die inhaltliche Funktion der Hausaufgabe im Unterrichtsverlauf zu verdeutlichen.

3.1 Zeitpunkt und Umfang der Vergabe

Auch eine Hausaufgabenvergabe im Verlauf der Unterrichtsstunde erfordert einige Überlegungen, denn sie kann mit anderen Unterrichtstätigkeiten zusammenfallen und von diesen überlagert werden. Es wäre ebenfalls zu überlegen, wie die Hausaufgabe in die Arbeitsprozesse im Unterricht integriert werden könnte, um diese möglichst wenig zu unterbrechen und trotzdem eine Kenntnisnahme der Hausaufgabenstellung bei den Schüler:innen zu gewährleisten, insbesondere, wenn es sich um mehrteilige oder komplexe Aufgabenstellungen handelt.

Die Menge von Hausaufgaben

Die Menge der zu bearbeitenden Hausaufgaben ist nicht allein von dem Aufgabenpensum der einzelnen Unterrichtsstunde abhängig, sondern summiert sich für die Schüler:innen mit den verschiedenen Fächern über den Verlauf des Schultages. Eine solche Ansammlung von Hausaufgaben führt im folgenden Fall zu Einwänden gegen die Hausaufgabenvergabe.

> Frau Kurze stellt sich ans Pult. »Hausaufgabe« sagt sie. Sofort werden Rufe laut: »Oh, bitte keine Hausaufgabe.« Die Lautstärke steigt an, die Rufe der Schüler:innen überlagern sich, sodass ich die einzelnen schwer oder gar nicht verstehen kann. Ich höre viele ›nein‹ und ›bitte nicht‹ heraus. Felicitas ruft: »Nee, wir haben doch schon so viel auf.« Frau Kurze schaut verdutzt. »Hausaufgabe« wiederholt sie und dreht sich an die Tafel. »Einmal nicht, bitte, Frau Kurze, wir schreiben doch eine Arbeit«, wirft Isabelle ein. »Montag ist so ein harter Tag«, fügt Pia hinzu. Frau Kurze hat sich wieder umgedreht. »Wenn ich euch die Hausaufgabe erlasse und wir machen die Hausaufgabe jetzt in der Stunde, brauche ich sehr gute Argumente von euch, nämlich, wie weit ihr am Ende der Stunde seid«, sagt Frau Kurze und hat dabei den rechten Arm in die Hüfte gestemmt. Sie geht hinter das Pult und blättert im Klassenbuch. Dann blickt sie auf und sagt, dass diejenigen, die die Aufgabe vier nicht hätten, diese zu Hause machen müssten. Die

Hausaufgabe wäre gewesen, Attribute genau zu bestimmen. Sie müsse dann davon ausgehen können, dass alle die Attribute bestimmen könnten. Einige Schüler:innen nicken, andere sind wieder in ihr Arbeitsheft vertieft. Die Bearbeitung der Aufgaben im Arbeitsheft wird fortgesetzt. Am Ende der Stunde gibt es tatsächlich keine Hausaufgaben.
Deutsch Klasse 6, Gymnasium

- Wie würden Sie mit solchen oder ähnlichen Einwänden gegen Hausaufgaben umgehen?
- Gibt es Regelungen an Ihrer Schule/der Schule Ihres Kindes, wie die Gesamtmenge von Hausaufgaben innerhalb einer Woche für die Schüler:innen zwischen den Fachlehrer:innen abgestimmt werden kann?

Die Überleitung zur Hausaufgabenvergabe in dieser Stunde ruft den Protest der Schüler:innen hervor. Sie machen kenntlich, bereits eine große Menge von Hausaufgaben (aus anderen Fächern) erledigen zu müssen, ein hohes Arbeitspensum direkt zu Beginn der Woche zu haben und zudem mit einer Leistungsüberprüfung konfrontiert zu sein, die – darauf weist die Schülerin Isabelle implizit hin – Vorbereitung bedarf. Die Lehrerin geht letztlich auf den Einwand der Schüler:innen ein, wenn sie davon absieht, eine Hausaufgabe zu erteilen. Der Verzicht auf eine Hausaufgabe wird dabei an die Bedingung geknüpft, dass die Schüler:innen die Arbeit im Unterricht so weit wie möglich fortführen und die damit verbundenen Inhalte beherrschen.

Die Vergabe von Hausaufgaben wird in dieser Stunde an den erarbeiteten Stand der Schüler:innen angepasst. Mit der Möglichkeit, die Aufgabe auch im Unterricht zu erledigen, kann das Pensum an schulischen Tätigkeiten, die außerhalb des Unterrichts zu erledigen sind, reduziert werden. Allerdings trifft dies nur für jene Schüler:innen zu, die zügig arbeiten und denen die Bearbeitung der Aufgabe leichtfällt. Für andere Schüler:innen besteht zwar außerhalb des

3.1 Zeitpunkt und Umfang der Vergabe

Unterrichts die Möglichkeit, die nicht geschafften Aufgaben nachzuholen, allerdings kommt dies wiederum einer Hausaufgabe gleich. Dann droht bei einer Aufsummierung solcher Tätigkeiten über verschiedene Fächer hinweg doch wieder ein gesteigertes Pensum an schulischen Aufgaben und eine Überlastung. Fehlende Hausaufgaben in darauffolgenden Stunden können dann auch zum Ausdruck von einer zu großen Menge an schulischen Aufgaben bei gleichzeitig begrenzten zeitlichen Ressourcen werden. Darauf bezogene Auskünfte von Schüler:innen bei der Vergabe von Hausaufgaben sowie bei deren Kontrolle stellen somit relevante Informationen dar, um die Menge an Aufgaben nicht nur für den eigenen Unterricht, sondern auch über mehrere Fächer hinweg hinsichtlich ihrer Machbarkeit einschätzen zu können und Überlastungen bei Schüler:innen vorzubeugen. Die Angaben der Schüler:innen können somit eine wichtige Orientierung geben für die Einschätzung und Umsetzung einer für alle Beteiligten funktionierenden Hausaufgabenpraxis. Überdies sehen Hascher und Hofmann (2011) solche Informationen als ausschlaggebend, um nicht nur einen machbaren Umfang der Hausaufgaben festzulegen, sondern insgesamt einen stärkeren Zuschnitt der Hausaufgaben auf die Unterrichtsprozesse sowie den Arbeitsstand der Schüler:innen vornehmen zu können.

Neben den Auskünften von Schüler:innen zur Hausaufgabenpraxis und dem Pensum an schulischen Tätigkeiten können kollegiale Abstimmungen über die Menge an Hausaufgaben erfolgen. So wird einschätzbar, was Schüler:innen zu erledigen haben und welches Maß an Aufgaben für eine Bearbeitung, insbesondere wenn sie direkt am folgenden Tag vorliegen soll, realistisch ist. Ebenfalls können solche Einschätzungen von Elternseite, z. B. am Elternabend, erfragt werden.

Eine weitere Möglichkeit stellen Hilfen zur Organisation und Strukturierung der Hausaufgabenbearbeitung dar, die Schüler:innen an die Hand gegeben werden, um Überlastungen vorzubeugen. Ein solches Vorgehen wird anhand des nächsten Falls diskutiert.

Das folgende Beobachtungsprotokoll beschreibt die Hausaufgabenvergabe am Ende einer Deutschstunde. Die Lehrerin steht bereits an der Tafel, um die Hausaufgabe zu erteilen.

3 Hausaufgaben aufgeben

»Und die Hausaufgabe lautet...« Frau Kurze fängt an, die Aufgaben an der Tafel zu notieren. Während sie anschreibt, spricht sie mit: »Hausaufgabe: Markiere in der Reportage alle wichtigen Informationen.« In der Klasse ist Gemurmel von verschiedenen Gesprächen der Schüler:innen zu hören. »Zweitens: Schreibplan erstellen in Stichpunkten...« (...). Sie schreibt unter Punkt zwei »Sachlichen Bericht für die Zeitung schreiben«. »Für diejenigen, die nicht mehr wissen, was der Schreibplan ist, nehmt euch nochmal das Arbeitsblatt mit den Stichpunkten raus«, führt sie aus. »Danach dann den Bericht für die Zeitung schreiben. Und auch hier, bitte teilt euch die Arbeit ein. Nicht alles auf einmal. Ihr habt eine Woche Zeit, da müsst ihr nicht alles an einem Nachmittag machen.« Sie nickt, einige Schüler:innen haben schon begonnen, ihre Hefte einzupacken. Frau Kurze geht ans Pult und räumt ihre eigenen Unterlagen zusammen. Mit dem Klingeln verlassen die ersten Schüler:innen den Klassenraum in die Pause.

Deutsch Klasse 6, Gymnasium

- Welche Strategien zum ›Management‹ ihrer Hausaufgaben werden den Schüler:innen in dieser Unterrichtsstunde nahegelegt?
- Fallen Ihnen weitere Strategien ein, die Schüler:innen bei der Organisation und Strukturierung ihrer Hausaufgabenpraxis helfen könnten?

Die hier vergebene Hausaufgabe besteht aus mehreren Teilen mit dem Ziel, einen »sachlichen Bericht« zu schreiben. Über die einzelnen Schritte der Hausaufgabe nähern sich die Schüler:innen der Anfertigung eines solchen Berichts an: So sollen sie zunächst zentrale Gesichtspunkte einer »Reportage«, die als Quellentext fungiert, verdeutlichen. Die Übertragung dieser Informationen in einen Bericht soll dann anhand eines »Schreibplans« systematisiert werden, bevor schließlich der eigentliche Text verfasst wird.

Mit den einzelnen Teilaufgaben steigert sich die Menge der Gesamthausaufgabe, wodurch sich die Bearbeitungszeit entsprechend ausdehnt. Die Lehrerin berücksichtigt dies in ihren Ausführungen und verweist auf eine Aufteilung der Arbeitsschritte über den Zeitraum von einer Woche, der für die Bearbeitung der Hausaufgabe zur Verfügung steht. Für die Schüler:innen kann dies zu einem relevanten Hinweis werden, damit einzelne Nachmittage nicht mit schulischen Aufgaben überfrachtet sind, die schulischen Tätigkeiten eingeteilt werden können und die Möglichkeit besteht, auch noch für andere Unterrichtsfächer tätig zu werden. Über eine solche Hilfestellung für die Organisation der Hausaufgabenbearbeitung mittels einzelner kleiner Arbeitspakete können Schüler:innen bei einer realistischen Einteilung von schulbezogenen Tätigkeiten unterstützt werden.

Hinsichtlich der aufgegebenen Menge von Hausaufgaben ist somit festzuhalten, dass sich die zu erledigenden Aufgaben im Verlauf eines Schultages bzw. einer Schulwoche für Schüler:innen aufsummieren können oder zeitlich nicht vereinbar mit anderen schulbezogenen Tätigkeiten erscheinen. Um ein ausgewogenes und machbares Pensum von Hausaufgaben zu realisieren, können Aussagen der Schüler:innen, Eltern sowie von Kolleg:innen eine wichtige Orientierung bieten. Zudem kann eine Verteilung von Aufgaben über einen längeren Zeitraum Spielräume bei der Bearbeitung von Hausaufgaben in der Schulwoche eröffnen und eine Ansammlung an zu erledigenden Hausaufgaben an einzelnen Nachmittagen begrenzen.

3.2 Dokumentation der Hausaufgaben

Die folgenden Fälle beleuchten unterschiedliche Varianten der Dokumentation von Hausaufgabenstellungen im Unterricht. Damit wird der Blick nicht nur auf die Tafel gerichtet, sondern auch auf digitale Medien wie das Smartboard. Überdies wird auch die Dokumentation in Hausaufgabenheften von Schüler:innen thematisiert, mit denen die Hausaufgabenstellungen über den Unterricht hinaus im außerschulischen Kontext einsehbar wird und die im Zuge der Hausaufgabenbearbeitung konsultiert werden kann.

Die Dokumentation von Hausaufgaben an Tafel und Smartboard

Zunächst geht es mit dem folgenden Fall um den Einbezug der Tafel bei der Hausaufgabenvergabe. Der Lehrer hat die Hefte der Schüler:innen für eine Benotung eingesammelt. Die Korrektur der Hefte wird in der Stunde am Pult vorgenommen, während die Schüler:innen eine Aufgabe bearbeiten. Einige Schüler:innen, die den Arbeitsauftrag fertiggestellt haben, stehen vorne am Pult, an dem der Lehrer die bereits korrigierten Hefte mit einer kurzen Besprechung an die Schüler:innen zurückgibt.

> Als sich die Stunde dem Ende nähert, unterbricht Herr Petersen die Korrektur der Hefte und richtet sich auf: »Auf der Seite im Buch habt ihr die Pyramide, die abzeichnen, Überschrift ist »Schaubild der ägyptischen Gesellschaft.«« An dem Schaubild wurde in der Stunde der Aufbau der ägyptischen Gesellschaft mit den jeweiligen Aufgaben der verschiedenen Gesellschaftsschichten besprochen. Die Schüler:innen, die an ihren Plätzen sitzen, haben ihre Arbeit unterbrochen und schauen in ihr aufgeschlagenes Buch. »Ihr zeichnet die Pyramide ab ins Heft bis nächstes Mal. Wer das Heft hat, kann jetzt schon anfangen, der Rest muss noch warten«, fügt Herr Petersen hinzu. Fabian, der vorne am Pult für die Heftbesprechung steht, schreibt den Arbeitsauftrag an die Tafel. In großen Buchstaben steht dort: »HA: Pyramide abzeichnen«.
> Geschichte Klasse 7, Gymnasium (aus: Fuhrmann, 2022, S. 90)

- Welche Funktion(en) erfüllt die Tafel bei der Hausaufgabenvergabe?
- Welche Alternativen der Hausaufgabendokumentation gibt es?

3.2 Dokumentation der Hausaufgaben

Es handelt sich in dieser Unterrichtsstunde zunächst um eine mündliche Hausaufgabenvergabe durch den Lehrer. Bei der Aufgabenstellung bezieht er sich auf ein bereits vorhandenes Wissen, so wird die Seitenzahl im Buch nicht benannt und auch die Pyramide nur durch die vorgegebene Überschrift näher bestimmt. Zusätzliche Erläuterungen scheinen insofern hinfällig zu werden, als dass die Hausaufgabe unmittelbar an die Arbeitsprozesse im Unterricht anschließt. Die Hausaufgabe bildet einen Abschluss der Unterrichtsarbeit, falls die Aufgaben innerhalb der Unterrichtszeit nicht fertiggestellt werden können. Zugleich überbrückt sie als Unterrichtsarbeit die verbleibende Zeit bis zum Stundenende: So können die Schüler:innen direkt mit der Hausaufgabe beginnen, sofern sie über ihr Heft verfügen, da Herr Petersen die Hefte am Pult korrigiert und einige noch nicht zurückgegeben hat. Fabian wartet am Pult – die Beurteilung und Besprechung seines Heftes steht weiterhin aus –, wodurch er sich in unmittelbarer Nähe zur Tafel befindet. Als der Lehrer die Hausaufgabe verkündet, notiert er die Hausaufgabenstellung an der Tafel und macht sie darüber im Klassenzimmer sichtbar. Die Dokumentation der Hausaufgabenstellung an der Tafel wird oftmals von Lehrpersonen vorgenommen, wie die folgenden Fälle zeigen. Im Unterricht von Herrn Petersen scheint die Mitbenutzung der Tafel durch die Schüler:innen dagegen eine übliche Praxis darzustellen, die keinerlei Irritationen hervorruft. So wird sie vom Lehrer nicht als Grenzüberschreitung in die eigenen Befugnisse markiert oder von den Mitschüler:innen als Ausdruck von Folgsamkeit gegenüber den institutionellen Anforderungen kommentiert. Für Fabian wiederum scheint der Tafelanschrieb einen vergnüglichen Zeitvertreib darzustellen, mit dem die Hausaufgabe überdies allen Beteiligten zusätzlich zur Ankündigung des Lehrers in verschriftlichter Form mitgeteilt wird.

Mit der Dokumentation der Hausaufgabenstellung an der Tafel wird ihr die Flüchtigkeit einer rein mündlichen Vergabe genommen; sie ist im Klassenraum sichtbar und ermöglicht den Schüler:innen eine deutlichere und ggf. auch noch spätere Vergegenwärtigung sowie Übertragung in die eigenen Unterlagen. Wie binden nun

Lehrpersonen die Tafel für die schriftliche Dokumentation der Hausaufgabenstellung ein? Und welche anderen Medien stehen darüber hinaus für die Dokumentation der Hausaufgaben zur Verfügung?

> In den letzten fünf Minuten vor der Pause geht Frau Kurze ans Pult. »Hausaufgabe für morgen, Arbeitsheft Seite 36« sagt sie. Sie dreht sich zur Seitentafel und notiert:
> HA
> AH S. 36
> Dann geht sie in die Mitte und erläutert kurz, was das Thema der Hausaufgabe ist und was sie anknüpfend daran in der folgenden Doppelstunde am nächsten Tag machen möchte. Sie hat gerade geendet, als es klingelt. Die ersten Schüler:innen stehen auf und gehen in die Pause.
> Deutsch Klasse 6, Gymnasium (aus: Fuhrmann, 2022, S. 89)

Neben der Tafel wird auch auf das Smartboard zurückgegriffen, um die Hausaufgabe im Klassenzimmer sichtbar zu machen:

> Frau Fuchs geht zum Smartboard und scrollt zur nächsten Folie. ›We have learned a lot about Christopher's character and special features. If you were a director of a film and had the task to find a suitable young man for the role, who would you pick? Look on the internet, magazines, newspapers etc. to find a suitable picture of this person. You will have to present your picture next lesson and give reasons for your choice‹, lautet der Folienanschrieb.
> Englisch Klasse 10, Gesamtschule (aus: Fuhrmann, 2022, S. 90)

- Welche Vorteile bietet zum einen der Einsatz der Tafel, zum anderen das Medium des Smartboards bei der Hausaufgabenvergabe?
- Welche Nachteile sehen Sie ggf. beim jeweiligen Einsatz?

3.2 Dokumentation der Hausaufgaben

Die Vergabe der Hausaufgaben im ersten Fall findet wieder kurz vor dem Stundenende statt. Zunächst gibt die Lehrerin die Hausaufgabenstellung mündlich bekannt und notiert diese auch an der Tafel, was zur Visualisierung der Aufgabenstellung im Klassenzimmer beiträgt. Die Hausaufgabe ist nun für alle Beteiligten sichtbar, wodurch insbesondere die Schüler:innen die Hausaufgabenstellung genauer nachvollziehen können, als es über eine rein sprachliche Bekanntgabe geschehen würde. Die formelhafte Abkürzung »HA, AH, S. 36« wirkt dabei wie ein verschlüsselter Code, der jedoch allen vertraut zu sein scheint, denn Rückfragen der Schüler:innen gibt es keine. Neben der Aufgabenstellung nennt die Lehrerin außerdem die Bearbeitungsfrist bis zum folgenden Tag. Die Lehrerin stellt den Schüler:innen damit die wesentlichen Angaben zur Hausaufgabe bereit und trägt mit dem Anschrieb überdies zu deren Visualisierung bei.

Anschließend wird die Hausaufgabe von der Lehrerin auch noch in Bezug zur folgenden Stunde gesetzt und ein Ausblick auf den weiteren Verlauf gegeben. Den Schüler:innen wird darüber ermöglicht, die Hausaufgabe in ihrer inhaltlichen Bedeutung und in ihrem Stellenwert für die Weiterarbeit einschätzen zu können.

Anders als in der ersten Unterrichtsstunde, in der die Lehrerin die Hausaufgabe an die Tafel schreibt, wird der Arbeitsauftrag der Hausaufgabe im zweiten Fall am Smartboard angezeigt. Während beim Einsatz der Tafel die Hausaufgabe parallel zu ihrer mündlichen Bekanntgabe notiert werden muss, greift Frau Fuchs beim Smartboard auf eine vorbereitete Folie zurück. Der Arbeitsauftrag ist dort in ausführlicher Form beschrieben: So wird zunächst auf die vorher gelernten Inhalte rekurriert und die Hausaufgabe als daran anknüpfend markiert. Die Geschichte des Regisseurs dient dann als Aufhänger für die weiteren Ausführungen zum Arbeitsauftrag, in dessen Verlauf sowohl auf das Vorgehen bei der Hausaufgabenbearbeitung als auch bei der nachfolgenden Hausaufgabenbesprechung eingegangen wird. So sollen die Schüler:innen ein Bild zur Veranschaulichung heraussuchen, mit dem sie ihre Auswahl in der darauffolgenden Stunde präsentieren und auf Englisch begründen können. Das Smartboard ermöglicht der Lehrerin eine schnelle

Verdeutlichung des komplexen Arbeitsauftrages, der überdies bereits außerhalb des Unterrichts niedergeschrieben wurde, sodass er nur noch zum entsprechenden Zeitpunkt präsentiert werden muss. Über den Anschrieb von Hausaufgaben an Tafel oder Smartboard werden die Aufgabenstellungen von einer verbalen in eine schriftliche Form überführt, wodurch ihnen Sichtbarkeit und Eindeutigkeit verliehen wird. Weitere Möglichkeiten, die Hausaufgabenstellung zu dokumentieren, sind das »Klassenbuch« oder auch eine im Klassenzimmer angebrachte »Hausaufgabentafel«. So kann über den Eintrag der Aufgabenstellung im Klassenbuch die Hausaufgabe noch zu einem späteren Zeitpunkt rekapituliert werden und damit als Erinnerungsstütze dienen. Eine ähnliche Funktion besitzt eine »Hausaufgabentafel«, zugleich weist sie gegenüber Klassenbüchern eine noch höhere Zugänglichkeit und Sichtbarkeit auf, indem sie für die im Klassenraum anwesenden Personen direkt einsehbar ist. Für Schüler:innen gibt es zudem mit Hausaufgabenheften, manchmal auch ›Schulplaner‹ oder ›Lernbegleiter‹ genannt, ein weiteres Format für die Dokumentation der Hausaufgabenstellungen, worauf im nächsten Abschnitt eingegangen wird.

Hausaufgabenhefte

Mit Hausaufgabenheften wird dem Notieren von Hausaufgaben ein eigenes Format gewidmet: So werden sie darin in gebündelter Form dokumentiert, meist unter der Zuordnung zum jeweiligen Schultag. Neben individuell auswähl- und gestaltbaren Hausaufgabenheften geben Schulen z. T. schuleigene Hefte aus, die zusätzlich zu den Seiten für die Eintragungen von Hausaufgaben auch Informationen zu den schulischen Gegebenheiten und Abläufen bereitstellen und darüber die Leitideen der Schule repräsentieren. In ihrem unmittelbaren Bezug zur Schule zeigen diese Hausaufgabenhefte dann auch die Mitgliedschaft der Schüler:innen zu der jeweiligen Schule an (Bennewitz & Pag, 2023; Fuhrmann & Bennewitz, 2023).

Zunächst zu Gestaltungsmerkmalen der Hausaufgabenhefte. Diese sind vielfältig, so finden etwa das Logo von Schulen und Hinweise

3.2 Dokumentation der Hausaufgaben

zum spezifischen Schulprofil bereits auf dem Cover Eingang, genauso wie Grußworte der Schulleitung bis hin zu den Schulregeln sowie allerlei weiteren Regeln, wie etwa Verhalten bei Krankheit, die im Heft festgehalten sind (Fuhrmann & Bennewitz, 2023, S. 63; Bennewitz & Pag, 2023, S. 97–100). Im Nachfolgenden soll aber auf das Herzstück der Hausaufgabenhefte, das Kalendarium, fokussiert werden, in dem die erteilten Hausaufgaben täglich eingetragen werden sollen. Hier ein typisches Beispiel:

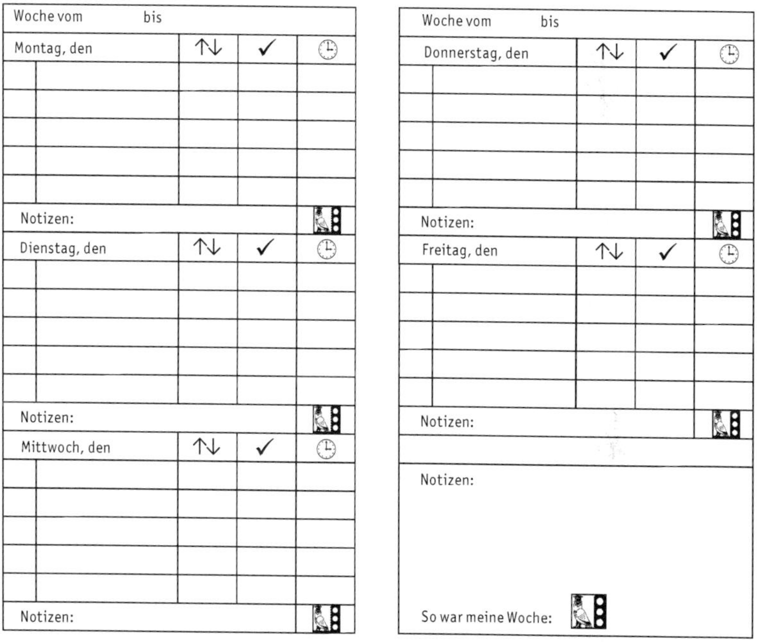

Abb. 1: Beispiel für das Kalendarium eines Hausaufgabenheftes

- Wie gefällt Ihnen die Aufmachung des Hausaufgabenheftes?
- Welche Funktionen und Gebrauchsweisen legt die Gestaltung des Kalendariums nahe?

3 Hausaufgaben aufgeben

Der Bereich für die Eintragungen der Hausaufgaben, das Kalendarium, ist entlang der einzelnen Schultage einer Woche organisiert. Diese erstrecken sich über eine Doppelseite im Heft, wodurch auch eine Gesamtschau der Woche auf einen Blick möglich wird. In fünf Kästen, entsprechend der Anzahl der Schultage einer Woche, können dann die Hausaufgaben gebündelt notiert werden. Das Datum der jeweiligen Tage bzw. der Schulwoche ist in der oberen, rahmenden Zeile einzutragen, die darauffolgenden Zeilen sind offengehalten für die Angaben zu den Hausaufgaben. Am Ende jeder Zeile soll u.a. abgehakt werden, ob die Hausaufgaben erledigt sind. Den Nutzer:innen der Hausaufgabenhefte wird darüber ein (selbst-)kontrollierendes Vorgehen nahegelegt. Eine solche Funktion des Hausaufgabenheftes als ein mögliches Evaluationsinstrument, wie die schulischen Tätigkeiten umgesetzt wurden, schlägt sich auch im großflächigeren Notizkasten als abschließender sechster Kasten nieder, in dem ein Resümee der Woche gezogen werden soll.

Neben der Aufteilung mit den jeweiligen Kästen und Spalten für eine Schulwoche führt dieses Hausaufgabenheft noch einige Zusatzfunktionen auf. Eine davon ist die Ampel, die sich in der rechten unteren Ecke jedes Wochentagkastens befindet. Doch was hat es nun mit der Ampel auf sich? Im Kontext von Verkehr hat die Ampel ordnende Funktion. Sie gewährt oder unterbindet das Fahren durch unterschiedliche Leuchtsignale. Nach den Hinweisen zur Nutzung der Ampel, die sich im vorderen Teil des Hausaufgabenheftes befinden, sollen die Schüler:innen mithilfe der Farben rot, gelb und grün eintragen, »wie du die Hausaufgaben heute geschafft hast«. Grün bedeutet »schnell und sicher«, gelb »na ja, hätte besser gehen können« und rot »ich habe heute Probleme gehabt«. Die Schüler:innen sind somit über die Ampel aufgefordert, ihre Hausaufgabenbearbeitung einer stetigen Evaluation zu unterziehen und diese auch nach außen hin sichtbar zu machen. Dies erstreckt sich nicht nur auf die Hausaufgabenbearbeitung an den einzelnen Tagen, vielmehr kann durch die Zusammenfassung von Wochentagen auf einer Seite bzw. die Abfolge von mehreren Wochen auf den aufeinanderfolgenden Seiten auch eine Entwicklung in der Hausaufgabenbearbeitung abgelesen

3.2 Dokumentation der Hausaufgaben

werden. Auch in der Ampel spiegelt sich ein kontrollierender und (selbst-)bewertender Modus wider, der sich bereits in den anderen Gestaltungselementen angedeutet hat. Diese Merkmale der Kontrolle und (Selbst-)Bewertung im Hausaufgabenheft werfen nun die Frage auf, wie das Heft im Unterricht Gebrauch findet, wie es von den Schüler:innen eingesetzt wird und inwiefern es dabei auch eine Kontroll- und Beurteilungsfunktion erfüllt. Dazu die folgenden Fälle aus der Unterrichtspraxis:

> Frau Kurze geht in Richtung Pult. »Aber erstmal, wer ist ohne Hausaufgabe?« Sie beugt sich hinunter und blättert in ihrem Notenbuch, mittlerweile melden sich mehrere Schüler:innen. Frau Kurze blickt auf, sie verzieht das Gesicht, anscheinend als Reaktion auf die vielen Meldungen. »Eva?« – »Ich hab die Hausaufgabe nicht.« – »Kann ich nachfragen, wie es dazu kommt?« – »Ich habe es nur angekreuzt, nicht in den Lernbegleiter geschrieben.« Frau Kurze zieht kurz die Augenbrauen hoch, sagt, dass sie darauf achten müsse, die Aufgaben nicht nur anzukreuzen, sondern auch in den Lernbegleiter zu schreiben. Dann beugt sie sich über das Notenbuch und vermerkt sich etwas.
> Deutsch Klasse 6, Gymnasium (aus: Fuhrmann, 2022, S. 202)

Fehlende Einträge im Hausaufgabenheft werden auch im folgenden Fallbeispiel zum Problem erklärt:

> Am Pult hat sich eine kleine Gruppe von Schüler:innen gesammelt, die nacheinander mit Frau Kurze sprechen. Nun kommt Felix an die Reihe und kehrt kurz darauf zu seinem Platz zurück. Im Rucksack kramt er seinen ›Lernbegleiter‹, das Heft, in dem Hausaufgaben und Klassenarbeitstermine notiert werden sollen, hervor und geht dann wieder nach vorne ans Pult. Frau Kurze nimmt den Lernbegleiter, schlägt ihn auf, blickt auf die Seiten und zeigt auf die einzelnen Spalten, während sie Felix mit hochgezogenen Augenbrauen anspricht. Felix steht neben dem Pult und hält den Kopf

gesenkt. Frau Kurze seufzt, setzt sich hin und beginnt, etwas in den Lernbegleiter zu notieren.

Später erläutert Frau Kurze mir, dass Felix zum wiederholten Male seine Hausaufgaben vergessen und sie daraufhin den Lernbegleiter gefordert habe. Die Spalten von sämtlichen Tagen waren leer, sodass sie eine Nachricht an die Mutter im Lernbegleiter hinterlassen habe. Felix solle diese seiner Mutter vorzeigen und unterschreiben lassen.

Zu einem späteren Zeitpunkt gewährt Felix mir Einblick in sein Hausaufgabenheft. Darin sehe ich auch die Nachricht von Frau Kurze an die Eltern von Felix. Im Notiz-/Bemerkungsfeld steht »Liebe Eltern, aufgrund einer vergessenen Hausaufgabe bemerke ich, dass dieser Lernbegleiter überhaupt nicht geführt wird. Bitte erinnern Sie Felix auch zuhause, dass dies ordentlich geschehen soll«.
Deutsch Klasse 6, Gymnasium (aus: Fuhrmann, 2022, S. 118)

- Welche Bedeutung wird dem Hausaufgabenheft in den beiden Unterrichtsstunden verliehen?
- Überlegen Sie, welche Maßnahmen im Zuge der Hausaufgabenvergabe ergriffen werden könnten, damit das Hausaufgabenheft bei der Erledigung der Hausaufgaben unterstützen kann.
- Welche Vorteile sehen Sie mit dem Auftrag der Lehrerin an die Eltern verbunden, sie sollten die Nutzung des Lernbegleiters kontrollieren und durchsetzen? Welche Nachteile könnte dieses Vorgehen haben?

Die Lehrerin verleiht der Kontrolle der Hausaufgaben in der Stunde im ersten Fall Priorität vor weiteren Anliegen im Unterrichtsgeschehen. Angesichts der vielen Meldungen, die ihre Frage nach Schüler:innen »ohne Hausaufgabe« hervorruft, scheint es Frau Kurze angebracht, Nachforschungen zur deren Ursache anzustellen. Eva wiederum gibt für das Fehlen ihrer Hausaufgabe daraufhin die Begründung an, dass sie die Aufgabe angekreuzt habe, statt diese in das Hausaufgabenheft, den ›Lernbegleiter‹, zu übernehmen. Die Schülerin differenziert zwischen unterschiedlichen Formen der Dokumentation und hierarchisiert diese in ihrer Wertigkeit: So ist eine Notiz im ›Lernbegleiter‹ umfassender, als diese »*nur* angekreuzt« zu haben. Frau Kurze greift die Hierarchie der verschiedenen Dokumentationsformen auf und bekräftigt es als Aufgabe der Schüler:innen, Hausaufgaben im ›Lernbegleiter‹ zu notieren.

In dem Austausch zwischen Lehrerin und Schülerin wird dem Abschreiben der Aufgabenstellung in die Unterlagen der Schüler:innen präventive Wirkung zugesprochen, um einem Vergessen der Hausaufgaben vorzubeugen. Die Notiz wird zu einer Erinnerungsstütze erhoben, die auch nachträglich und überdies außerhalb des Unterrichts die Aufgabenstellung vergegenwärtigen kann. Demgegenüber wird eine fehlende Hausaufgabe dann über nicht notierte Hausaufgabenstellungen erklärbar. Anhand der Äußerung der Schülerin Eva lässt sich darauf schließen, dass die Schüler:innen wissen, welche Relevanz einer Dokumentation von Hausaufgaben im Hausaufgabenheft zukommt, wenn darüber die fehlenden Hausaufgaben begründet werden. Allerdings scheint dieses Wissen bei der Hausaufgabenvergabe nicht so präsent gewesen zu sein, um eine Notiz im Hausaufgabenheft vorzunehmen. Zugleich besteht auch durch Einträge in Hausaufgabenhefte keine Garantie dafür, dass die Bearbeitung der Hausaufgabe erfolgreich umgesetzt werden kann. Eine Dokumentation der Hausaufgabenstellung in den Hausaufgabenheften enthält meist keine inhaltlichen Erklärungen und bietet daher keine Gewissheit, dass die Schüler:innen über die notwendigen Voraussetzungen für eine erfolgreiche Erledigung der Aufgabe verfügen.

Solche Überlegungen können auch für den zweiten Fall angestellt werden. Für den Austausch der Lehrerin mit Felix am Pult lässt sich zunächst festhalten, dass der Schüler sein Hausaufgabenheft der Lehrerin aushändigt, die dieses im Anschluss inspiziert. Während die Lehrerin unter Einbezug des Heftes Rückfragen an Felix stellt, erscheint der Schüler passiv und wirkt beschämt. Im nachfolgenden Gespräch mit der Forscherin wird die Einsichtnahme in das Hausaufgabenheft mit der fehlenden Hausaufgabe erklärt, was überdies zum »wiederholten Male« aufgetreten sei. Die Sichtung des eingeforderten Hausaufgabenheftes belegt die Felix zugeschriebenen Säumnisse, nämlich dass die Hausaufgabenstellungen nie darin notiert wurden. Über eine Notiz im ›Lernbegleiter‹ informiert die Lehrerin die Eltern von Felix über dessen Versäumnisse. Das Heft gibt so nicht nur Auskunft über die Dokumentationstätigkeit der Schüler:innen im Rahmen der Hausaufgabenvergabe, sondern dient auch der Übermittlung von Nachrichten an Personen außerhalb des Unterrichts. Dabei verbleibt die Interaktion mit den Eltern indirekt, statt eines persönlichen Kontakts mit ihnen erhält Felix die Aufgabe, die ihn betreffende Nachricht mit dem Heft zu übermitteln. In ihrer Notiz skizziert die Lehrerin den Eltern, wie sie im Unterricht ausgehend von der »vergessenen Hausaufgabe« das nicht geführte Hausaufgabenheft aufgedeckt hat, worin für sie das eigentliche Problem liegt. Es wird dann an die Eltern von Felix delegiert, das Notieren von Hausaufgabenstellungen bei dem Schüler anzuleiten und damit eine Mitwirkung der Eltern dabei eingefordert, die schulisch erwünschten Vorgehensweisen durchzusetzen. Andere Ursachen für nicht gemachte Hausaufgaben, z.B. die Hausaufgabenvergabe, weitere unterrichtliche Prozesse um die Hausaufgabe oder Schwierigkeiten bei deren Bearbeitung, geraten nicht in den Blick, stattdessen wird das Versäumnis allein auf Seiten des Schülers verortet, der die übermittelte Hausaufgabe nicht im Hausaufgabenheft notiert hat.

Zusammengefasst lässt sich für die Funktionen von Hausaufgabenheften im Unterricht folgendes festhalten: Hausaufgabenhefte scheinen von vielen Schüler:innen kaum geführt zu werden, worauf nicht nur die beiden Fallbeispiele verweisen, sondern auch weitere Sichtungen von Hausaufgabenheften, deren Kalendarien weitestgehend unbenutzt verbleiben (Fuhrmann & Bennewitz, 2023, S. 65). Es deutet sich darin an, dass solche Hausaufgabenhefte für Schüler:innen gerade kein geeignetes Format darstellen, um Hausaufgaben zu notieren. Vielmehr erweisen sie sich im Unterricht v.a. als Kontrollinstrument von Lehrpersonen über die Dokumentation von Hausaufgabenstellungen, was als vermeintliche Garantie für deren

Bearbeitung angesehen wird (vgl. auch Zaborowski & Breidenstein, 2011). Die in der Gestaltung von Hausaufgabenheften angelegten selbstkontrollierenden und evaluierenden Elemente wenden sich dabei allerdings in fremdbestimmte Kontrollmaßnahmen, die überdies mit Sanktionen verbunden werden.

Ein Notieren von Hausaufgabenstellungen im Hausaufgabenheft von Schüler:innen kann durchaus dazu beitragen, die Aufgaben außerhalb des Unterrichts für deren Bearbeitung in Erinnerung zu rufen. Im Unterricht bieten sich Möglichkeiten, eine solche Nutzung von Hausaufgabenheften einzuüben, indem die Dokumentationstätigkeit bei der Hausaufgabenvergabe explizit angeleitet wird. Demgegenüber zeigen sich nun bei der Kontrolle der Hausaufgaben in der Einbindung des Hausaufgabenheftes zwei Probleme: Zum einen die Verortung und Erklärung nicht vorliegender Hausaufgaben mit fehlenden Einträgen im Hausaufgabenheft. Zum anderen die Verpflichtung der Eltern auf eine Mitwirkung an der unterrichtlichen Hausaufgabenpraxis, wodurch Schwierigkeiten externalisiert und in die Familie verlagert werden. Um den Ursachen fehlender Hausaufgaben nachzuspüren, scheint das Hausaufgabenheft kein geeignetes diagnostisches Instrument, bildet es doch lediglich die notierten Aufgabenstellungen ab, die allerdings auch dann noch nicht deren erfolgreiche Bearbeitung gewährleisten. Hausaufgabenhefte sollten daher um weitere Überlegungen und Maßnahmen ergänzt werden, wie die Hausaufgabenbearbeitung unterstützt werden kann, insbesondere wenn sich dabei Schwierigkeiten abzeichnen. So könnte – auch im Austausch mit den Eltern – überlegt werden, wie im Unterricht als Ort, an dem Hausaufgaben initiiert und wieder eingebunden werden, der gesamte Prozess zielführend ausgestaltet werden könnte.

3.3 Disziplinierung und Konflikte

In diesem Unterkapitel werden Vorgehensweisen bei der Hausaufgabenvergabe beleuchtet, durch die Hausaufgaben aus Sicht von Schüler:innen die Bedeutung einer Strafe erlangen können. Wir verstehen solche bestrafenden bzw. disziplinierenden Effekte im Zuge der Hausaufgabenpraxis als ›Nebenwirkungen‹, die von Lehrpersonen nicht intendiert sind, sich aber durch Charakteristika von Hausaufgaben ergeben können, z. B., dass über die Unterrichtszeit hinaus noch eine Beschäftigung mit ihnen erforderlich ist. Um auch solche nicht-intendierten und unbewussten Effekte von Hausaufgaben abschätzen zu können, wird im Folgenden die Vergabe von Hausaufgaben im Zusammenhang mit Disziplinierung und Konflikten veranschaulicht.

Hausaufgaben als Strafe

Die letzten zehn Minuten der Doppelstunde sind angebrochen, als Frau Kurze an den linken Seitenflügel der Tafel geht. »Und die Hausaufgabe lautet…« Sie beginnt, die Aufgaben an der Tafel zu notieren. Während sie anschreibt, spricht sie mit: »Hausaufgabe: Markiere in der Reportage alle wichtigen Informationen.« In der Klasse ist Gemurmel von verschiedenen Gesprächen der Schüler:innen zu hören. »Zweitens: Schreibplan erstellen in Stichpunkten…« Sie unterbricht ihren Anschrieb und dreht sich zur Klasse: »Sofia, du schreibst Aufgabe zwei doppelt.« Sofia, die gerade mit Felicitas, ihrer Sitznachbarin getuschelt hat, fährt hoch und schaut zur Lehrerin, sie scheint erschrocken zu sein. »Das kann nicht sein, dass ihr so laut schwatzt, wenn ich die Hausaufgabe erkläre und ihr dann am Ende nur die Hälfte habt«, sagt Frau Kurze. Ihr Tonfall ist härter als sonst, sie hat die Augenbrauen zusammengezogen und macht einen ärgerlichen Eindruck. Es ist still in der Klasse, die Schülerinnen und Schüler sind nun damit beschäftigt, den Anschrieb abzuschreiben. Frau Kurze zieht den

3.3 Disziplinierung und Konflikte

Mund zusammen, schnalzt und dreht sich dann zurück an die Tafel. Deutsch Klasse 6, Gymnasium (aus: Fuhrmann, 2022, S. 101)

- Welche Schwierigkeiten zeigen sich bei dieser Hausaufgabenvergabe? Welche Nachteile sehen Sie damit verbunden, über eine größere Menge von Hausaufgaben als Strafe die Aufmerksamkeit der Schüler:innen einzufordern?
- Fallen Ihnen alternative Vorgehensweisen ein, mit denen die Aufmerksamkeit der Schüler:innen auf die Hausaufgabenvergabe gelenkt werden kann?

In dieser Unterrichtsstunde wird die Hausaufgabe von der Lehrerin bekannt gegeben und der mehrteilige Arbeitsauftrag auch an der Tafel sichtbar für die Schüler:innen mitgeschrieben. Begleitet wird die Hausaufgabenvergabe von den Gesprächen der Schüler:innen, die schließlich auch zur Unterbrechung der Hausaufgabenvergabe führen. In ihrer Ansprache legt die Lehrerin offen, dass sie die Gespräche in der Klasse generell als störend wahrnimmt und – so die Einschätzung der Lehrerin – diese zu unvollständigen Hausaufgaben führen werden. Indem sie mit Sofia eine einzelne Schülerin herausgreift und ihr eine größere Menge an zu bearbeitenden Hausaufgaben auferlegt, statuiert sie an der Schülerin dann ein Exempel für die gesamte Klasse. Die Hausaufgabe erhält disziplinierende Funktion, sie wird zu einer Strafe für ein von der Lehrerin als störend markiertes Verhalten der Schüler:innen. Die Menge an Hausaufgaben und der damit verbundene zeitliche Aufwand außerhalb des Unterrichts, der für die schulischen Belange zu absolvieren ist (vgl. auch ▶ Kap. 3.1), wird im Vorgehen der Lehrerin zu einem Kriterium umfunktioniert, mit dem sich die Höhe des Strafmaßes festlegen lässt.

Über den Einsatz der Hausaufgabe als ein Disziplinierungsinstrument erfährt die Beschäftigung mit schulischen Inhalten außerhalb des Unterrichts allerdings eine Abwertung. Wenn Hausaufgaben der Bestrafung dienen, können sie nicht als produktiv und weiterführend gerahmt werden, sondern als Mehrarbeit, die bei störendem Verhalten droht. Für die Schüler:innen erhalten die Hausaufgaben eine negative Konnotation, sie werden zum Ausdruck eines attestierten Fehlverhaltens und stellen dann Aufgaben dar, die es zu vermeiden gilt.

Hausaufgaben und Ferien

Eine Bedeutung als Strafe erhält die Hausaufgabe auch in der Bezugnahme auf Ferienzeiten. Überdies sind Ferien in Zusammenhang mit Hausaufgaben auch Anlass für Konflikte, wie die folgende Fallauswahl dazu zeigen kann.

> Die Schüler:innen und ich sind bereits im Klassenraum, Carl und Fabian putzen die Tafel, die anderen Schüler:innen unterhalten sich oder packen ihre Unterrichtsmaterialien aus. Dann kommt Herr Petersen ins Klassenzimmer, er stellt seine Tasche ab und begrüßt die Schüler:innen. »Ihr habt Glück, heute bekommt ihr keine Hausaufgabe, weil Ferien sind«, fährt er nach der Begrüßung fort und grinst dabei. »Aber die für diese Stunde will ich sehen. Heft rausholen, mir zeigen.« Die Schüler:innen kramen ihre Hefte hervor.
> Geschichte Klasse 7, Gymnasium

Während der Lehrer den Verzicht auf Hausaufgaben über die Ferien begründet, wird im folgenden Fall eine Hausaufgabe über die Ferien erteilt:

> Kurz vor dem Ende der Stunde sagt Frau Winter, dass die Schüler:innen sich überlegen sollen, warum der Barock wichtig für sie sei. Das sei die zweite Hausaufgabe. Im Buch gebe es auf Seite 150 Anregungen dazu. Leona fragt: »Wann sollen wir die Hausaufgabe machen?« Sie zögert kurz. »Wir haben Sie die Woche doch gar nicht mehr. Und dann sind Ferien«, fügt sie hinzu. Frau Winter antwortet, dass es bis zur ersten Deutschstunde nach den Ferien gemacht werden solle. »Aber in den Ferien gibt's doch keine

3.3 Disziplinierung und Konflikte

Hausaufgaben«, murmelt Leona halblaut. Frau Winter scheint sie nicht gehört zu haben. Sie wirft einen Blick in ihre Unterlagen auf dem Pult. Sie sagt, es gebe noch Vorträge zu verteilen. Ein Gedicht von Johann Wolfgang von Goethe, das solle wieder mit entsprechender Rhetorik vorgetragen werden. Und zusätzliche dessen Biographie, die ebenfalls vorgestellt werden solle. Sie schaut in den Kurs. »Gedicht, Herr Goethe: Wer möchte das vorbereiten?« Leona meldet sich. Frau Winter nickt. »Und die Biographie?« Cem meldet sich. Frau Winter nickt, beugt sich zum Pult und schreibt die Namen auf. Sie sagt, dass dies ebenfalls nach den Ferien vorgestellt werden solle. »Die Hausaufgaben auch über die Ferien?«, fragt Leona. Frau Winter lächelt, »Ja«, sagt sie fest und nickt bekräftigend. Die Schüler:innen packen ihre Unterlagen zusammen.
Deutsch Stufe 11, Gesamtschule

- Worin zeichnen sich Ferien aus? Welche Schwierigkeiten sehen Sie bei einer Vergabe von Hausaufgaben über die Ferien?
- Überlegen Sie, welche alternativen Vorgehensweisen zur Weiterarbeit an den schulischen Inhalten auch über Ferienzeiten denkbar wären.

Mit seinem Verweis auf die anstehenden Ferien kündigt Herr Petersen im ersten Fall an, dass in dieser Stunde keine Hausaufgaben erteilt werden. Er rekurriert damit indirekt auf rechtliche Vorgaben der Schulordnung, der zufolge von einer Erteilung von Hausaufgaben über die Ferienzeit abzusehen sei.[3] Hausaufgaben werden von Herrn Petersen als üblicher und alltäglicher Bestandteil des Unterrichts

---

3 So heißt es in der (übergreifenden) Schulordnung für die öffentlichen Realschulen plus, Integrierten Gesamtschulen, Gymnasien, Kollegs und Abendgymnasien in Rheinland-Pfalz vom 12. Juni 2009 unter Paragraph 51, Absatz 4: »Ferien sind von Hausaufgaben freizuhalten. Vom Samstag zum darauffolgenden Montag werden keine Hausaufgaben gestellt.« (https://landesrecht.rlp.de/bsrp/document/jlr-SchulORP2009pG14) [20.10.23].

hervorgehoben, von dem nur durch außerordentliche Umstände – wie sie hier durch die Ferien repräsentiert werden – abgewichen wird. Indem der Lehrer den Verzicht auf Hausaufgaben als glückliche Fügung rahmt, wird den Hausaufgaben ein vielmehr strafender statt produktiver Status verliehen.

Bei Vergabe von Hausaufgaben in Ferienzeiten überschneidet sich die schulfreie Zeit mit dem Auftrag, für die Schule zu arbeiten; ein Umstand, der im zweiten Fall von der Schülerin Leona problematisiert wird. Dies geschieht zunächst nur halblaut, sodass es von der Lehrerin akustisch nicht wahrgenommen wird oder, sofern die Lehrerin es hört, die Möglichkeit für sie besteht, die Anmerkung zu übergehen. Erst als Leona nochmals interveniert, kommt es zu einer Stellungnahme der Lehrerin, die auf die Ferienhausaufgabe beharrt. Die rechtlichen Vorgaben, Ferien von Hausaufgaben freizuhalten (vgl. Fußnote 3), erweisen sich dabei als uneindeutig. So ist nicht eindeutig geklärt, ab wann in der Schulwoche vor den Ferien keine Hausaufgaben mehr gegeben werden sollten, weil eine Bearbeitung von den Schüler:innen noch vor Beginn der Ferien nicht mehr möglich wäre. Die darauf bezogenen Entscheidungen werden stattdessen den Lehrpersonen übertragen, was allerdings Anlass für Konflikte im Unterricht bieten kann.

Für Hausaufgaben muss von den Schüler:innen Zeit außerhalb des Unterrichts eingeplant werden. Diese Hausaufgabe bezieht sich dann nicht nur auf Zeit an ›Werktagen‹, sondern auf Ferien-, also ›Urlaubszeit‹. Mit einer Vergabe von Hausaufgaben über die Ferien und einem Hinwegsetzen über mögliche Einwände von Schüler:innen erhebt sich die Schule über die Freizeit der Schüler:innen. Hausaufgaben drohen so zum Disziplinierungsinstrument zu werden, indem über sie eingefordert wird, sich auch in einer schulfreien Phase den schulisch aufgetragenen Tätigkeiten zu widmen. Freiwillige Hausaufgaben können demgegenüber eine Alternative darstellen, die Schüler:innen Angebote zur Weiterarbeit oder Vertiefung eröffnet. Hierdurch sollten allerdings keine Nachteile für diejenigen Schüler:innen entstehen, die diese Aufgaben nicht bearbeiten, um den Charakter der Freiwilligkeit nicht nachträglich zu unterwandern.

3.3 Disziplinierung und Konflikte

Mit diesem Kapitel konnten ausgewählte Schlaglichter auf die Vergabe von Hausaufgaben geworfen und die verschiedenen Vorgehens- und Umgangsweisen der beteiligten Personen in dieser Phase verdeutlicht werden. Im Folgenden sollen nun die Aufgaben selbst einer näheren Betrachtung unterzogen werden, indem auf einen besonderen Typ von Hausaufgaben fokussiert wird.

4 Aufgaben

Welche Aufgaben werden als Hausaufgaben erteilt? Zunächst lassen sich ›klassische‹ Aufgabenformen nennen, die sich in ihrem jeweiligen Verhältnis zum Unterricht unterscheiden: Hausaufgaben, die den Unterricht vor- oder nachbereiten oder bereits behandelte Inhalte zur weiteren Übung nochmals aufgreifen (Fuhrmann, 2022, S. 96–100; Fuhrmann, 2024). Dabei ist mitunter auch ein spezifischer Typ von Hausaufgaben anzutreffen, über den Bezüge zum Alltag der Schüler:innen hergestellt werden. Auf solche Hausaufgaben mit Lebensweltbezug möchten wir uns im Folgenden konzentrieren. Zuerst werden zentrale Merkmale dieser Hausaufgaben herausgearbeitet (▶ Kap. 4.1), bevor deren Zusammenhänge zu sozialer Ungleichheit thematisiert werden (▶ Kap. 4.2).

4.1 Aufgaben mit Lebensweltbezug

Klafki (1958) fordert in den fünf Grundfragen der Didaktischen Analyse u. a., der Unterricht solle einen Gegenwartsbezug, also eine Bedeutung des Unterrichtsinhalts in der Gegenwart der Schüler:innen, haben und zudem für sie zugänglich und interessant sein. Das legt nahe, dass die von Lehrer:innen ausgewählten Inhalte und Aufgaben anschlussfähig an die gegenwärtige Erfahrungswelt der Kinder und Jugendlichen sein sollen. Maier u. a. (2010) sehen im Lebensweltbezug, der als »Relation zwischen domänenspezifischem Fachwissen und Erfahrungs- und Lebenswelt des Schülers« (ebd., S. 89) definiert wird, ein Qualitätsmerkmal schulischer Aufgaben. Auch Blömeke u. a. (2006) betonen, dass schulische Aufgaben mit Lebensweltbezug den Aufbau von Kompetenzen fördern könnten. Sie stützen sich dabei auf den Kompetenzbegriff, der nach Weinert (2001) – kurz gesagt – Wissen, Können, Motivation und Handlungsfähigkeit miteinander verbindet. Kompetenz könne demnach nur in lebensnahen Situationen bzw. solcherart konstruierten Kontexten erreicht und überprüft werden. Der common sense scheint also ein großer Optimismus zu sein, Kompetenzerwerb, Handlungsfähigkeit und Motivation für das schulische Lernen mit solchen Aufgaben zu erreichen, die an authentische oder zumindest authentisch wirkende Situationen anknüpfen, den Erfahrungshorizont eines typischen Schülers oder einer typischen Schülerin reflektieren und sinnvolle Anwendungen von Fachwissen im Alltag aufzeigen (Akbaba, Bräu & Fuhrmann, 2018).

Schauen wir uns die Praxis an. Die Hausaufgaben in den folgenden beiden Fällen greifen Ernährungsweisen der Schüler:innen bzw. ihrer Familien auf.

> Kurz vor dem Ende der 5. Stunde und dem anschließenden Wechsel von Erdkunde zu Englisch bei einer anderen Lehrerin sagt Frau Kurze: »Hausaufgabe: Ihr stellt euch eure Lieblingspizza zusammen. Die Zutaten, die ihr auf die Pizza macht, und wo sie herkommen, schreibt ihr auf.«
> Felicitas umfasst ihr auf dem Tisch liegendes aufgeschlagenes Heft mit den Händen und unterbricht die Lehrerin, indem sie aufgebracht ruft: »Wieso nehmen wir Pizza? Das ist Fast-Food, das ist ungesund. Können wir uns nicht was Gesundes aussuchen? Zum Beispiel...« Sie stockt und scheint zu überlegen. Anscheinend fällt ihr auf die Schnelle nichts ein. Die anderen Schüler:innen sind unbeteiligt, einige schreiben etwas auf, andere packen ihre Unterrichtsmaterialien ein. Frau Kurze setzt wieder zum Sprechen an: »Ihr nehmt jetzt Pizza und schreibt da bitte die Zutaten und die Herkunft der Zutaten auf.« Felicitas murrt etwas vor sich hin, als sie den Kopf senkt und die Aufgabe in ihr Hausaufgabenheft notiert. Frau Kurze packt ihre Sachen zusammen.
> Erdkunde Klasse 6, Gymnasium

4 Aufgaben

Die Hausaufgabe eine Woche später in derselben Klasse nimmt ebenfalls Bezug auf die Ernährung der Schüler:innen.

> Frau Kurze schreibt mit rasanter Geschwindigkeit ›Protokolliere deinen Fleischverzehr in einer Woche (bis Montag)‹ an die Tafel. Sie dreht sich um. »Ihr sollt als Hausaufgabe mal euren Fleischverzehr aufschreiben. Also, was ihr am Tag an Fleisch esst. Wenn ihr morgens zwei Scheiben Wurst esst und mittags ein Putensteak, dann schreibt ihr das beides auf.« Sie hält kurz inne und zählt dann mit der linken Hand mit Daumen und Zeigefinger zwei ab: »Also Wurst und Fleisch.« Einige Schülerinnen und Schüler schauen sie skeptisch an. Russell ruft nach vorne: »Achim, ich bin Vegetarier.« Er lacht, mehrere Schüler, die um ihn herum sitzen, fangen ebenfalls an zu lachen.
> Frau Kurze fährt fort: »Wenn es möglich ist, wenn ihr zuhause eine Küchenwaage habt, könnt ihr nach Möglichkeit auch mal gucken, wie dick so eine Scheibe Wurst ist, und die wiegen.« Valerie reißt die Augen ungläubig auf: »Waaaas?«, ruft sie halblaut. Frau Kurze geht nach vorne ans Pult und beugt sich zum Klassenbuch. Merle wendet sich zu Elena. »Immer Hausaufgaben«, sagt sie mit einem Stöhnen. Frau Kurze scheint noch etwas eingefallen zu sein, sie richtet sich halb vom Pult auf: »Wenn ihr Vegetarier seid, seid ihr fein raus. Der muss nichts aufschreiben«.
> Erdkunde Klasse 6, Gymnasium (aus: Fuhrmann, 2022, S. 111)

- Welchen Eindruck haben Sie von den beiden Hausaufgaben? Welche Informationen werden sie voraussichtlich liefern? Welche Rolle könnten sie für den späteren Unterricht spielen?
- Wie reagieren die Schüler:innen auf die Hausaufgaben? Was stört sie? Warum?

Die erteilte Hausaufgabe in der ersten Szene rückt ein beliebtes Gericht in den Mittelpunkt der Bearbeitung. So sollen die Schüler:innen die Zutaten einer selbst zubereiteten Pizza sowie die Herkunft dieser

4.1 Aufgaben mit Lebensweltbezug

Zutaten notieren. Dabei sind sie mit der Konkretisierung »Lieblingspizza« dazu aufgefordert, persönliche Vorlieben bei der Zubereitung dieses Gerichts offenzulegen. In der nachfolgenden Unterrichtsstunde sollen die Informationen über die Zutaten und deren Herkunft dazu dienen, verschiedene Bereiche der Landwirtschaft zu bestimmen (vgl. dazu ▶ Kap. 9.2). In der Aufgabe ist ein Lebensweltbezug angelegt, indem die Erarbeitung fachlicher Inhalte zu den landwirtschaftlichen Sektoren über Informationen aus dem Alltag der Schüler:innen erfolgt, in Form der Herkunft der von ihnen verwendeten und favorisierten Nahrungsmittel (Akbaba, Bräu & Fuhrmann, 2018, S. 251 f.; Fuhrmann, 2020, S. 43).

Bei der Vergabe der Hausaufgabe zeigt sich nun, dass mit der Nähe der Aufgabe zur Lebenswelt der Schüler:innen auch Wertungen verbunden sind, denn die Pizza wird von einer Schülerin als »Fast-Food« klassifiziert. Sie kritisiert indirekt die Aufgabenstellung der Lehrerin und inszeniert die Ernährungsweise in ihrer Familie als an gesunden Nahrungsmitteln orientiert. In der späteren Besprechung der Hausaufgabe verfestigt sich diese Orientierung – darauf kommen wir später zurück (▶ Kap. 9.2). Es lässt sich aber bereits festhalten, dass Aufgaben mit Lebensweltbezug an die Alltagspraxis von Schüler:innen anschließen (wollen) und sich dabei aber als weniger neutral zeigen als Aufgaben, die einen solchen Zuschnitt auf den Alltag nicht aufweisen. Sie machen private Details der Schüler:innen zum Thema, was impliziert, dass sie mit Wertungen aufgeladen sein können.

Auch bei der zweiten Hausaufgabe handelt es sich um eine Aufgabe mit Lebensweltbezug, die dabei ebenfalls die Ernährungsweise der Schüler:innen zum Ausgangspunkt nimmt und so einen direkten Anschluss an ihren Alltag darstellt. So sollen sie ihren Fleischverzehr über den Zeitraum einer Woche mit der Hausaufgabe offenlegen, um mit diesen Angaben in der nachfolgenden Besprechung den durchschnittlichen Jahresverbrauch an Fleisch hochrechnen zu können. Dazu zählen sowohl Fleisch als auch Wurst, wie die Lehrerin präzisiert.

4 Aufgaben

Die skeptischen Blicke der Schüler:innen können indes als ablehnende Reaktion auf den Auftrag gedeutet werden, Einblick in ihre Essgewohnheiten zu geben. Der Schüler Russell macht dies sehr deutlich, wenn er sich mit seinem Ausruf, Vegetarier zu sein, klassenöffentlich von dem Arbeitsauftrag distanziert. Bei einer fleischlosen Ernährung wäre die Hausaufgabe aufgehoben, denn es gäbe nichts, was protokolliert werden könnte. Auf diese Weise stellt Russell eine Möglichkeit in Aussicht, der mit der Hausaufgabe verbundenen Arbeit zu entgehen. Sein Lachen, in das mehrere Schüler:innen einfallen, legt offen, dass es sich dabei um einen ironischen Kommentar handelt, mit der er sich von der Aufgabe und dem darin angelegten Zugriff auf die privaten Essgewohnheiten distanziert. Wie wird nun auf den Kommentar von Russell reagiert?

Frau Kurze scheint den vorherigen Ausruf von Russell nicht zu hören oder zu überhören, vielmehr ergänzt sie nun die Aufgabenstellung, dass nach Möglichkeit auch das Gewicht des Fleischs mit aufgenommen werden soll. Bei der Schülerin Valerie scheint die Detailliertheit offene Ungläubigkeit hervorzurufen, ebenso wie bei Merle, was sich allerdings stärker auf die Häufigkeit von Hausaufgaben bezieht. Ein offener Protest gegen die Hausaufgabe bzw. deren Einsichtnahme in private Essgewohnheiten bleibt jedenfalls aus.

Mit den Angaben von Frau Kurze ist die Hausaufgabenvergabe allerdings nicht abgeschlossen, denn sie entbindet die Vegetarier in ihrer Ergänzung nun tatsächlich von der Hausaufgabe. Die von Russell eingebrachte Variante der Ernährungsweise wird von Frau Kurze als Befreiung von der Hausaufgabe kenntlich gemacht: Für Schüler:innen, die kein Fleisch verzehren, werden keine Angaben erforderlich – für sie entfällt der Arbeitsaufwand.

Einerseits wird eine vegetarische Ernährungsweise als nicht verwertbar für den Unterricht markiert. Zugleich legt die Befreiung der Vegetarier:innen von der Hausaufgabenbearbeitung eine implizite Norm hinter dem gestellten Arbeitsauftrag offen: Es scheint bei der Hausaufgabe auch um die Frage nach einem angemessenen Konsum von Fleisch zu gehen. So wird die vegetarische Ernährungsweise im

Kontext der Hausaufgabe zum Vorteil, sie sind bei dieser Hausaufgabe »fein raus«.

Es fällt auf, dass ein solcher Einblick in das Private der Schüler:innen (und ihrer Familien) von der Lehrerin als selbstverständlich angesehen wird – es wird jedenfalls nicht problematisiert. Denn immerhin können sich die Aufgaben mit Lebensweltbezug behaftet zeigen mit Beurteilungen, was als angemessene Ausgestaltung der Alltagspraxis verstanden wird. In den beiden Fällen deuten sich solche wertenden Dynamiken sowohl in den Erläuterungen der Lehrperson als auch in den Kommentierungen der Schüler:innen an, mit denen unterschiedliche Ernährungsweisen voneinander abgegrenzt werden.

Besonders riskant können solche Wertungen für Schüler:innen werden, wenn Hausaufgaben mit Lebensweltbezug ungleiche Lebensbedingungen offenlegen, was im nächsten Abschnitt eingehender thematisiert wird.

4.2 Hausaufgaben und soziale Ungleichheit

Der Fokus auf Hausaufgaben mit Lebensweltbezug wird in den folgenden Ausführungen beibehalten. Indem solche Aufgaben den Alltag von Schüler:innen zum Thema machen, können die einzubringenden Informationen auch verstärkt Ungleichheiten zwischen Schüler:innen im Unterricht offenkundig machen. Diese möglichen ›Nebenwirkungen‹ von Aufgaben mit Lebensweltbezug werden anhand von zwei Hausaufgaben nachgezeichnet.

»Ihr bekommt eine Hausaufgabe für die Methodenwoche« fährt Frau Kurze fort. »Ihr sollt ein Logbuch führen für Januar. Dafür bringe ich euch morgen die Blätter mit.« Sie führt den Arbeitsauftrag weiter aus: »Ein Logbuch führen, heißt, einen Aufsatz über euren Nachmittag zu schreiben. Ihr protokolliert halbstündig, wenn ihr nach Hause kommt, was ihr alles am Nachmittag macht. Manche von euch sind im Ganztag, aber dann danach, wenn ihr nach Hause kommt. Zum Beispiel schreibt ihr dann, dass ihr zur Nachhilfe geht oder zur Klavierstunde.« Während sie redet, haben einige Schüler:innen mit ungläubigem Gesichtsausdruck halblaut »Was?« gerufen. Valerie hat sich zu Marie und Felicitas in der Reihe hinter ihr umgedreht und reißt die Augen auf.

Frau Kurze spricht unbeirrt weiter: »Ihr könnt das natürlich aufrunden von der Zeit. Das muss nicht auf die halbe Stunde genau sein. Ihr schreibt das dann auf und seid dabei ehrlich.« Sie hält kurz inne, die Schüler:innen schauen sie an. »Es ist wichtig, dass ihr ehrlich seid. Das müsst ihr nicht vortragen, sondern da wird nur in der kleinen Gruppe draufgeschaut. Da gibt's auch keine Note drauf, es geht darum zu schauen, wie ihr eure Zeit einteilt.« Frau Kurze nickt, dann fügt sie hinzu: »Es ist wichtig, dass ihr das nicht vergesst. Das macht ihr dann in der nächsten Woche vom 14.–18. Die Blätter geb ich euch morgen.« Anschließend erläutert sie den Schüler:innen die Herkunft des Logbuchs aus der Schifffahrt und dessen Funktion. Dann hebt sie nochmal hervor: »In euer Logbuch wird kein Fachlehrer reinschauen, ich auch nicht. Ich sag dann nicht, kein Wunder, dass er im Diktat nicht so gut war, er hätte mal lieber mehr gelernt.« Damit scheint das Thema für diese Stunde beendet zu sein, Frau Kurze geht zum nächsten Punkt über. Deutsch Klasse 6, Gymnasium (aus: Fuhrmann, 2022, S. 87)

- In der Hausaufgabe wird der Arbeitsauftrag mit der Metapher des »Logbuchs« umschrieben. Welche Bedeutung erfüllt ein Logbuch? Welche Anforderungen sind damit für die Schüler:innen verbunden?
- Inwiefern können über die Informationen der Hausaufgabe ungleiche Lebensbedingungen der Schüler:innen offenkundig werden?

4.2 Hausaufgaben und soziale Ungleichheit

> • Wie finden Sie es, dass die Kinder ihre Nachmittagsaktivitäten »ehrlich« notieren sollen, um im Unterricht darüber zu sprechen?

Mit der Hausaufgabe des »Logbuchs« wird auf eine Einsichtnahme in den privaten Bereich der Schüler:innen abgehoben, wenn ihre Nachmittagsaktivitäten zum Gegenstand der Hausaufgabe werden. Zunächst: Warum greift die Lehrerin für die Hausaufgabe zum Begriff des »Logbuchs«, anstatt etwa zu dem des Tagebuchs, was vielen Schüler:innen vermutlich vertrauter sein dürfte? In einem »Logbuch« werden alle Tätigkeiten und Ereignisse auf einem Schiff festgehalten. Das »Logbuch« ist chronologisch aufgebaut, sodass die Aufzeichnungen die Möglichkeit bieten, die Vorgänge auf einem Schiff nachzuvollziehen. Auch die Tätigkeiten der Schüler:innen sollen durch deren Protokollierung schnell zugänglich und in Zeitintervallen nachvollziehbar werden.

Das »Logbuch« ist wie ein Tagebuch nicht zur Veröffentlichung gedacht, sondern wird nur im Falle eines Unglücks als Mittel zur Rekonstruktion der Ereignisse verwendet. Erst wenn also ein Ausnahmezustand eintritt, kann das »Logbuch« als Beweismittel für die Vorgänge an Bord herangezogen werden. Aus dieser Funktion resultiert dann auch ein wichtiger Unterschied zum Tagebuch: Während das Tagebuch freiwillig geführt werden kann, besteht eine Verpflichtung an Bord, das »Logbuch« zu führen. Die Lehrerin markiert somit durch ihre Wortwahl, dass es sich bei der Protokollierung der Nachmittagsaktivitäten um eine Pflichterfüllung für die Schüler:innen handelt. Obwohl die nachmittäglichen Beschäftigungen der Schüler:innen außerhalb der Schule und somit im privaten Bereich liegen, sollen sie durch die Protokollierung für den Unterricht offengelegt werden.

Damit ist nun eine organisatorische Problemlage verbunden, wenn gesonderte Regelungen für die Ganztagsbetreuung getroffen werden müssen. So macht die Lehrerin deutlich, dass die jeweiligen Schüler:innen ihre Hausaufgabe nicht in der dafür vorgesehenen Zeit im

4 Aufgaben

Ganztag erledigen sollen und auch nicht von der Hausaufgabe ausgenommen sind, vielmehr sollen sie mit der Rückkehr nach Hause beginnen, ihre Tätigkeiten zu protokollieren. In dieser Konzeption konkurriert die Hausaufgabe mit dem Angebot des Ganztagskonzepts: Während Ganztagsschüler:innen ihre Hausaufgaben gewöhnlich in der Schule erledigen können, bedarf es für die Bearbeitung des »Logbuchs« zusätzliche Zeit außerhalb der Schule. Damit ist zugleich eine erste Unterscheidung der nachmittäglichen Aktivitäten hinsichtlich ihrer Wertigkeit verbunden, denn relevant sind nur solche Tätigkeiten, denen sich außerhalb der Schule gewidmet wird. Der Fokus wird auf den selbstorganisierten Nachmittag gerichtet und der Tagesablauf der Schüler:innen in der Ganztagsbetreuung nur als bedingt verwertbar für den Unterricht gekennzeichnet. Demgegenüber wird allerdings markiert, dass die selbstorganisierten Nachmittagstätigkeiten nach den Vorstellungen der Lehrerin durchaus eine Nähe zu Lern- und Bildungsaktivitäten aufweisen sollen, wie sie über den Verweis auf »Nachhilfe« und »Klavierstunde« verdeutlicht.

Es spiegelt sich in diesen von der Lehrerin genannten Beispielen eine bildungsbürgerliche Ausrichtung von Aktivitäten wider, die mit ihrer Benennung den Status einer Art Idealversion der Nachmittagsgestaltung erlangen. Nicht beachtet wird dabei allerdings, dass diese Tätigkeiten nicht unbedingt Teil des Nachmittags aller Schüler:innen darstellen, insbesondere weil sie entsprechende finanzielle Aufwendungen voraussetzen. Die Hausaufgabenbearbeitung würde zum einen solche Ungleichheiten über die verschiedenen Nachmittagsaktivitäten der Schüler:innen sichtbar machen. Zum anderen könnten die Tätigkeiten derjenigen eine Abwertung erfahren, die gerade nicht den hier kenntlich gemachten Vorstellungen entsprechen.

Zwar liegt es im Ermessen der Schüler:innen, die Genauigkeit der Angaben über ein zeitliches Aufrunden zu bestimmen, doch scheint die Lehrerin mit der hinzugefügten Verpflichtung auf Ehrlichkeit zu antizipieren, dass die Angaben der Schüler:innen nicht wahrheitsgetreu sein könnten. Es wird davon ausgegangen, dass nicht die tatsächliche als vielmehr eine erwünschte Dauer von Tätigkeiten notiert wird. Allerdings hat die Lehrerin selbst zuvor ihre Vorstellungen der Nachmittagsgestaltung offengelegt, sodass es für die Schüler:innen durchaus lohnenswert erscheinen kann, sich an diesen unterschiedlichen Wertigkeiten zu orientieren, um dann auch positive Rückmeldungen zu ihren Hausaufgaben zu erhalten. Ein beschönigter Tagesablauf könnte im Unterricht somit dazu dienen, sich vor den Unterrichtsteilnehmer:innen möglichst vorteilhaft zu präsentieren.

Zwar soll auf die Nachmittagsaktivitäten nur »in der kleinen Gruppe draufgeschaut« werden und die privaten Einblicke in den Nachmittag keiner Bewertung ausgesetzt werden, allerdings wird auch in einer solchen Kleingruppe einer Veröffentlichung der Nachmittagsaktivitäten und damit einhergehenden Kommentierung und Beurteilung – zwar nicht durch eine Note, aber verbal – nicht vollständig vorgebeugt. Es besteht das Risiko, dass ungleiche Lebensbedingungen, denen in unterschiedlichen Ausgestaltungen des Nachmittags Ausdruck verliehen werden könnte, zum Vorschein kommen und eine Abwertung erfahren, wenn entlang von Vorstellungen der Unterrichtsteilnehmer:innen bewertet wird, welche Nachmittagsaktivitäten als angemessen bzw. vorteilhaft gelten.

Solche Dynamiken können sich mit weiteren ›Nebenwirkungen‹ verwoben zeigen, wie es der Einblick in die Bearbeitung einer Hausaufgabe mit Lebensweltbezug in der Familie von Vera deutlich macht:

Vera soll für das Fach Mathematik eine Aufgabe berechnen, für die sie die Maße des Familienautos einsetzen soll. Die Aufgabe lautet folgendermaßen: Darf euer Auto an einem entgegenkommenden LKW auf der Brücke, die 4,80 m breit und bis max. 15 t Gewicht belastbar ist, vorbeifahren? Der LKW ist 2,90 m breit und wiegt 13,3 t.

> Um die Daten des Familienautos zu bekommen, muss geklärt werden, in welchem Dokument sie zu finden sind. Vera fragt ihre Mutter zunächst nach dem »Autoschein«. Da diese sich über die Anfrage im Kontext der Hausaufgaben wundert, liest sie die Auf-

gabe selbst durch und meint dann: »Aber das geht nicht, der ist im Auto und das hat ja Tobias!« Also wird der große Bruder angerufen, er soll aus der »Zulassung« ein paar Daten diktieren: »Die Autozulassung, wo draufsteht zum Beispiel mit Maße über alles ... äh nee ... Millimeter, Leergewicht, Kilogramm.« Tobias meint aber, diese Daten befänden sich im »KfZ-Brief«. Veras Mutter überlegt, wo dieser sein könnte, geht eine Weile aus dem Zimmer und kommt mit einem Ordner wieder, aus dem sie ein grünes Dokument nimmt und es Vera auf den Tisch legt. Nachdem Mutter und Tochter in dem Dokument zwar die Maße in Zentimeter finden, aber sonst keine Angaben, die die Aufgabe verlangt, entscheiden beide, dass es nicht das richtige Papier sein kann. »Dann musst du Papa mal anrufen!« Vera legt den Stift ab und greift nach dem Telefon. Veras Mutter ergänzt: »Er ist wahrscheinlich noch unterwegs!« Erst bei der zweiten Nummer geht der Vater ans Telefon, fragt ebenfalls nach, wozu Vera die Daten brauche, und diktiert sie dann, nachdem er die Zulassung geholt hat.

Vera, 5. Klasse Gymnasium (aus: Bräu, 2017, S. 18 f.)

- Wie gefällt Ihnen diese Mathematik-Aufgabe? Welche Vorzüge hat sie und welche Probleme könnte sie bereiten?
- Wie beurteilen Sie das Verhalten der Eltern? Würden Sie als Eltern in einer vergleichbaren Situation genauso oder anders handeln? Warum?

In der mathematischen Aufgabe geht es um das Umrechnen von Maßeinheiten (Breite und Gewicht) und um Addition bzw. Subtraktion. Es handelt sich um eine Textaufgabe, die u. a. verdeutlichen soll, bei welchen alltäglichen Anlässen solche Rechenaufgaben notwendig sind. Ob man im wirklichen Leben an dem LKW auf der Brücke vorbeifährt oder nicht, wird wahrscheinlich eher von der Fahrer:innenmentalität (Draufgänger:in oder vorsichtiger Mensch) abhängen als von einer schnellen Rechnung während der Fahrt. Dennoch möchte der:die Erfinder:in der Aufgabe die Szene wohl besonders realistisch machen, indem er:sie die Schüler:innen veranlasst, Breite und Gewicht des eigenen Familienautos zu recherchieren und mit diesen Werten dann zu rechnen.

Das Besorgen der Daten ist aber für Vera offensichtlich nicht so einfach, wie die Beschreibung zeigt: Das zehnjährige Kind weiß gar nicht, in welchem Dokument sich solche Angaben zum familieneigenen Auto befinden. Die Mutter stellt dann fest, dass die »Zulassung« im Auto liegt und dass der große Bruder Tobias mit dem Auto unterwegs ist. Also wird der Bruder auf dem Handy angerufen, der hält aber die »Zulassung« nicht für das richtige Dokument, sondern verweist auf den »Kfz-Brief«. Nach einigem Suchen wird dieser gefunden, er enthält aber nicht alle Angaben, die die Aufgabe verlangt. Deshalb wird nun auch noch der Vater angerufen, der schließlich die Angaben findet und durchgibt.

Während das Besorgen der Daten für die Textaufgabe mehrere Telefonate braucht und eine ganze Weile dauert, ist die Aufgabe selbst in dreieinhalb Minuten gerechnet. Die Bemühung im Schulbuch, Aufgaben mit Bezug zur Lebenswelt zu stellen, verursacht einen erheblichen personellen Aufwand. Einbezogen waren neben Vera die Mutter, der große Bruder und der Vater. Bemerkenswert ist, dass sich sowohl beide Eltern als auch der große Bruder so kooperativ verhalten und helfen, die benötigten Informationen zu beschaffen, obwohl alle drei mit anderen Tätigkeiten bzw. beruflicher Arbeit beschäftigt sind.

Sehr viele Eltern, v.a. die Mütter, sind in dieser oder ähnlicher Weise bereit, die eigenen Kinder bei den Hausaufgaben zu unterstützen und dafür Zeit zu investieren (Bräu, 2023; Xu & Corno, 1998). Sie lassen sich sogar immer wieder bei aktuellen eigenen Tätigkeiten unterbrechen, wenn das Kind ruft. Die Hausaufgabe in diesem Beispiel kann das Kind gar nicht alleine bearbeiten, da Informationen gebraucht werden, die nur die Erwachsenen liefern können. Einerseits wird hier die Kommunikation in der Familie aktiviert und das Kind lernt nebenbei vielleicht etwas über die formellen Dokumente im Zusammenhang mit dem Auto. Andererseits bekommt das Kind ein echtes Problem, wenn keine Eltern zu Hause oder telefonisch schlecht zu erreichen sind oder wenn es – egal ob aus finanziellen, ökologischen oder anderen Gründen – gar kein Familienauto gibt. Außerdem könnten die eingesetzten Zahlen im Unterricht dann, wenn die Ergebnisse besprochen werden, wie bei einem Auto-Quartett diejenigen zu Jubel veranlassen, die ein besonders ›dickes‹ Auto zu Hause vorweisen können, und so zum Wettstreit animieren. Über eine solche Aufgabe können somit auch Informationen über familiale Ressourcen zum Thema werden, die Zuschreibungen über den sozioökonomischen Status und die Lebensweise der verschiedenen Familien sowohl bei Lehrpersonen als auch den Schüler:innen untereinander hervorrufen.

Insofern ist zu fragen, ob eine solche Aufgabe sinnvoll ist: Dem fachlichen und didaktischen Anliegen, das Rechnenlernen in lebensweltliche Aufgaben zu packen, steht eine Reihe von Problemen gegenüber. Erstens ist die Aufgabe nicht wirklich aus dem Leben gegriffen; zweitens steht der Aufwand, die Zahlen zu recherchieren, in keinem guten Verhältnis zur eigentlichen mathematischen Aufgabe, die schnell bearbeitet wurde, und drittens sollten Aufgaben nicht voraussetzen, dass erwachsene Unterstützer:innen beim Hausaufgabenmachen anwesend sind. Schließlich wäre viertens zu bedenken, dass mit der Aufgabe Unterschiede zwischen den Schüler:innen und ihren Familien sichtbar werden und zu Annahmen über Einkommen und Status beitragen können.

Nun können weder die Kinder noch die Eltern an der Aufgabe etwas ändern, wenn sie als Hausaufgabe aufgegeben wurde. Und wenn – wie im beschriebenen Fall – die ganze Familie bereit ist, die Daten zu recherchieren, entsteht ja auch kein Problem. Im Gegenteil: Alle sehen, dass man sich aufeinander verlassen kann, und vielleicht löst die Hausaufgabe weitere Gespräche im Familienkreis über das Auto, die diversen Dokumente oder über unrealistische Mathematikaufgaben aus. Man darf aber als Elternteil auf der anderen Seite durchaus zurückweisen, dass die Hausaufgabe solcherlei spontanen Einsatz voraussetzt. Die Mutter oder Vera selbst hätten z. B. auch Zahlen erfinden können, ohne dass dabei weniger Mathematik gelernt worden wäre.

4.2 Hausaufgaben und soziale Ungleichheit

Insgesamt verdeutlichen die hier vorgestellten Fälle, dass Hausaufgaben mit Lebensweltbezug nicht nur den privaten Bereich der Schüler:innen zum bestimmenden Inhalt erklären, vielmehr können die eingebrachten Informationen Ungleichheitsverhältnisse von Schüler:innen widerspiegeln. Besonders prekär wird dies dann, wenn der Hausaufgabenbearbeitung Ansichten zugrunde liegen, welche Informationen verwertbar und überdies angemessen sind, unter denen bestimmte Lebensbedingungen der Schüler:innen eine Abwertung erfahren können. Zudem erweist sich auch die Bearbeitung dieser Aufgaben aufgrund der abgefragten detaillierten Informationen als sehr voraussetzungsreich und macht entsprechende Unterstützung durch Familienmitglieder erforderlich. Hier wird es dann entscheidend, welche Schüler:innen auf eine solche Hilfe zurückgreifen können, um die Hausaufgabenbearbeitung umsetzen zu können, die allerdings nicht umstandslos bei allen Schüler:innen angenommen werden kann. Vielmehr wäre die Konzeption von Hausaufgaben entlang der Frage auszurichten, ob Schüler:innen die Aufgabe ohne zusätzliche Ressourcen bearbeiten können, um sie so nicht von ungleichen Voraussetzungen abhängig werden zu lassen und allen Schüler:innen eine erfolgreiche Umsetzung der Hausaufgaben zu gewähren.

Mit dem folgenden Kapitel werden die Fragen nach Ressourcen, Möglichkeiten und Grenzen sowie An- und Herausforderungen bei der Hausaufgabenanfertigung im häuslichen Kontext weiterverfolgt.

5 Hausaufgabenmachen zu Hause

In diesem Kapitel wird die Situation beim Hausaufgabenmachen zu Hause betrachtet, und zwar solche Fälle, in denen die Kinder alleine arbeiten. Wie sich die Hausaufgabenbetreuung an Ganztagsschulen darstellt und welche Rolle Eltern, Geschwister und Freund:innen als an den Hausaufgaben Beteiligte spielen, wird in den Kapiteln 6 und 7 beleuchtet. In den folgenden drei Unterkapiteln werden die Arbeitsumgebung (▶ Kap. 5.1) und die Körperhaltung beim Hausaufgabenmachen (▶ Kap. 5.2) beleuchtet, bevor einige Arbeitsstrategien der Schüler:innen (▶ Kap. 5.3) analysiert werden sollen.

Voranstellen möchten wir aber eine kurze Reflexion zum umgangssprachlich häufig genutzten Begriff des ›Machens‹ von Hausaufgaben (»Ich habe die Hausaufgaben gemacht«): Wernet (2023) weist darauf hin, dass man Aufgaben jenseits von Schule vielleicht *annehmen, nachkommen, erledigen* oder *sich stellen* kann, vom *Machen* werde jedoch nur im schulischen Kontext gesprochen. Damit kommt sprachlich der Unterschied zwischen einer Aufgabe in der Lebenswelt und einer Hausaufgabe zum Ausdruck. *Nimmt* man eine Aufgabe in nichtschulischen Zusammenhängen *an, stellt sich* ihr oder *kommt* ihr *nach*, kommt sprachlich eher zum Ausdruck, dass die Aufgabe eine gewisse Bedeutung für einen bekommt, selbst wenn sie einem auferlegt wurde. *Macht* man eine Aufgabe, klingt es nach *abarbeiten*. Ein solches Abarbeiten von Hausaufgaben zeigt sich nicht zuletzt in den Arbeitsstrategien der Schüler:innen.

5.1 Die Arbeitsumgebung

Schauen wir uns zunächst einige häusliche Arbeitsumgebungen von Kindern/Jugendlichen an. Dafür greifen wir im ersten Fall auf Beobachtungen von Krinninger, Kesselhut und Kluge (2018) zurück, die das Kinderzimmer von Finn, einem Erstklässler, beschreiben:

> »Ähnlich wie die übrigen Wohnräume weist auch Finns Kinderzimmer ein klares Ordnungsmuster auf. Der Raum ist in verschiedene ›Funktionsbereiche‹ segmentiert: Unterhalb des Fensters steht Finns Schreibtisch samt Drehstuhl für Mal- und Schreibtätigkeiten bereit. Davor liegt ein Spielteppich, der ein Areal zum Spielen schafft. Fertige Legoobjekte haben ihren Platz in einem eigens für diesen Zweck angeschafften Regal. Schlafen und CD-Hören finden auf dem Hochbett statt, während die ›Höhle‹ darunter Raum zum Ausruhen und gemeinsamen Lesen mit den Eltern bietet. Finn nutzt sein Kinderzimmer gleichermaßen intensiv zum Spielen und zum Hausaufgabenmachen«.
> 1. Klasse, Grundschule (aus: Krinninger, Kesselhut & Kluge, 2018, S. 144)

Nun die Arbeitsumgebungen zweier etwas älterer Schülerinnen aus eigenen Beobachtungen:

> Charlottes Arbeitsplatz, der im offenen Wohnbereich eingerichtet ist, besteht aus einem eigenen Schreibtisch, der nur für das Erledigen der Hausaufgaben und das Lernen für die Schule verwendet wird. Dort stehen zwei Stühle. (...) Auf dem Schreibtisch befinden sich verteilt ein aufgeschlagenes Buch, darunter ein aufgeschlagenes Arbeitsheft, zwei Arbeitsblätter, eine Wasserflasche, mehrere einzelne Stifte, eine Schreibunterlage mit Pferden sowie eine offene Tüte Gummibärchen.
> 5. Klasse, Gymnasium (aus: Bennewitz & Bräu, 2022, S. 109 f.)

> Larissa nimmt ihre Tasse Tee mit nach oben in ihr Zimmer und setzt sich an ihren Schreibtisch. Die Zimmertür bleibt wie beim letzten Mal weit offenstehen, im Hintergrund hört man kurz darauf einen Staubsauger. Ein Tag später: Draußen hört man bei offener Tür den kleinen Bruder mit seinem Freund spielen. Ich höre, wie der Freund fragt, warum sie so leise sein sollen. Larissas Bruder antwortet, »weil Larissa Hausaufgaben macht«. Der Freund meint, ihm wäre das egal bei seinem Bruder.
> 7. Klasse, Gymnasium (aus: ebd., S. 108)

- Was macht für Sie eine gute Arbeitsumgebung aus, in der also Sie gut arbeiten können und/oder in der ein Kind bzw. ein Jugendlicher gut Hausaufgaben machen kann?
- Halten Sie die jeweilige Umgebung zum Hausaufgabenmachen in den Fällen für angemessen? Warum (nicht)?
- Welche Rolle spielen unterschiedliche materielle Voraussetzungen der Familien?

Die Eltern haben Finns Zimmer eingerichtet, wie sich Schulen das vermutlich wünschen. Er hat einen eigenen Raum, um sich für das Hausaufgabenmachen zurückzuziehen, ohne gestört zu sein, und er hat Möbel, die sich dafür eignen. Gleichzeitig bietet das Kinderzimmer Ausruh- und Spielmöglichkeiten. Wir erfahren zudem, dass Finn sein Zimmer auch genauso vielfältig nutzt, dass er also dort nicht nur spielt und schläft, sondern auch seine schulischen Aufgaben erledigt. Finn scheint sich mühelos der Einsozialisierung in das gesellschaftlich übliche Bild eines idealen Schulkindes, das in Ruhe lernt und für die Schule arbeitet und dabei körperlich stillsitzt, hinzugeben.

Die Nutzung des eigenen Kinderzimmers für Hausaufgaben ist aber keineswegs selbstverständlich, schon gar nicht bei Erstklässlern. Krinninger und Mitarbeiter:innen haben Familien untersucht, deren ältestes Kind eingeschult wird, um die Veränderungen zu erforschen, die mit dem Eindringen der Schule in die Familie einhergehen. Dabei zeigt sich, dass nicht wenige Kinder die Hausaufgaben am Küchentisch machen, obwohl sie spätestens mit der Einschulung ein Kinderzimmer mit Schreibtisch und Drehstuhl eingerichtet bekommen haben. Die Mütter und teilweise auch die jüngeren Geschwister sind in der Nähe, sodass das Bedürfnis einiger Mütter »nach einem eher engmaschigen Monitoring [der Leistung des Kindes, Anm. K. B.] sowie das Bedürfnis des Kindes nach Nähe, Aufmerksamkeit und Führung produktiv ineinandergreifen« (Kesselhut, 2023, S. 215). Wo die Kinder also ihre schulischen Aufgaben erledigen, hängt demnach weniger mit einer guten Ausstattung des Kinderzimmers mit Schreibtisch, Drehstuhl und anderen Accessoires ab als vielmehr von den familialen Gewohnheiten und Notwendigkeiten. Dabei spielt neben der schnellen Möglichkeit, die Mutter um Hilfe zu bitten, auch das mögliche Bedürfnis der Kinder, nicht vom familiären Geschehen abgeschnitten zu sein, eine wichtige Rolle.

Gar nicht viel anders scheint es bei Charlotte zu sein. Sie hat einen eigenen Schreibtisch für die Hausaufgaben, der aber nicht im Kinderzimmer steht, sondern für andere Familienmitglieder sichtbar im Wohn-Ess-Bereich der Familie. Die Hausaufgabensituation ist auch hier eine familienöffentliche Angelegenheit. Es gibt weder räumliche noch soziale Grenzen zwischen Charlotte mit ihren Hausaufgaben und der familialen Umwelt. Die Beobachtungen von Bräu (2023) sowie Bennewitz und Bräu (2022) verdeutlichen, dass die Mutter immer in Rufweite ist und sehr häufig um Unterstützung gebeten wird, wohingegen die Großmutter, die kurz zu Besuch ist, und die kleine Schwester von Charlotte als Störfaktoren behandelt, ignoriert oder weggeschickt werden. Der zweite Stuhl am Schreibtisch hat also eine spezifische Bestimmung: Die bei den Hausaufgaben einbezogene Mutter darf/soll darauf sitzen, andere Personen sind in diesem Nahraum weniger erwünscht. Die Gegenstände auf dem Schreibtisch symbolisieren die Gleichzeitigkeit, eine Schülerin und ein Kind zu sein.

Larissa nutzt mehr als Charlotte ihr eigenes Territorium, wenn sie sich zum Hausaufgabenmachen in ihr Jugendzimmer zurückzieht. Da sie aber (fast) immer die Tür offenstehen lässt, dringt auch hier das Familiengeschehen zu ihr. Die hörbaren Geräusche scheinen sie nicht zu stören und der kleine Bruder und sein Freund nehmen Rücksicht, dass diese Geräusche nicht zu laut werden. Obwohl Larissa ungefähr sechs Jahre älter ist als die Erstklässler, scheint sie noch immer diese ›halbe‹ Nähe zum Familiengeschehen zu suchen bzw. sie changiert zwischen Rückzug und Familienöffentlichkeit (ebd.).

Die folgenden Beschreibungen stammen aus Interviews von Al Anabtawi (2022) mit zwei Jugendlichen, die zu den Rahmenbedingungen des coronabedingten Fernunterrichts befragt wurden. Auch wenn dies eine spezifische Situation darstellt, lassen sich daraus doch Erkenntnisse für die Arbeitsumgebungen zum Hausaufgabenmachen erlangen.

> »Ich habe im Zimmer 'nen Schreibtisch. Wenn ich mal da aber keine Lust habe zu lernen, bin ich einfach in ein anderes Zimmer, äh, weil ich hab' ja ein iPad. Ich nehme dann einfach meinen Stift und meinen Block mit und dann bin ich entweder im Hobbyraum oder setz' mich einfach neben meinen Vater, der in seinem Zimmer arbeitet. Einmal war zum Beispiel schönes Wetter und da habe ich mich einfach an den Gartentisch gesetzt und hab' dort dann meine Aufgaben gemacht. Also einen festen Arbeitsplatz hab' ich jetzt eigentlich nicht«.
> 6. Klasse, Gymnasium (aus: Al Anabtawi, 2022, S. 26)

> »Ich teile mein Zimmer mit meiner älteren Schwester, die 18 ist. Meine älteste Schwester ist 26 und hat ein eigenes Zimmer. Wir wohnen in einer Vier-Zimmer-Wohnung, deswegen hab' ich kein eigenes. (…) Ich hab' auch am Anfang immer im Zimmer gelernt, aber als dann meine Schwester auch Homeschooling hatte, konnten wir nicht beide gleichzeitig im Zimmer lernen, weil sie hatte immer eine Videokonferenz. Das hat voll genervt. Dann hab' ich auf dem Esstisch dann halt alles gemacht. Im Zimmer ist jetzt auch nicht wirklich Platz für einen zweiten Schreibtisch. Nach ein paar Wochen haben meine Eltern dann einen Schreibtisch in ihr eigenes Schlafzimmer gestellt, damit ich da in Ruhe lernen kann«.
> 6. Klasse, Gesamtschule (aus: ebd., S. 24 f.)

5.1 Die Arbeitsumgebung

Die beiden interviewten Sechstklässler:innen verdeutlichen, wie sich die räumliche und materielle Ausstattung der jeweiligen Familie auf das häusliche Arbeiten für die Schule auswirken kann. Das erste Kind kann sich – ähnlich wie die oben betrachteten Schüler:innen – zwischen eigenem Zimmer, Wohnzimmer, Garten oder anderen Räumen entscheiden und findet überall angemessene Arbeitsbedingungen. Voraussetzung dafür ist zum einen das Haus mit vielen Räumen und einem Garten und zum anderen das eigene Tablet, das das Arbeiten überall ermöglicht. Während das Fazit »also einen festen Arbeitsplatz hab' ich jetzt eigentlich nicht« die vielen Möglichkeiten umreißt, gilt der Satz für das zweite Kind in ganz anderer Weise. Die Schülerin teilt sich nicht nur ein Zimmer mit ihrer Schwester, sondern auch den Schreibtisch, sodass sie sich zum Hausaufgabenmachen absprechen müssen, sonst ist die Gefahr groß, dass sie sich gegenseitig stören. Daher weicht sie auf den Esstisch in der Küche aus, der aber auch wenig Ruhe verspricht; zudem muss er immer wieder freigeräumt werden, sodass keine Arbeitsmaterialien liegenbleiben können. Schließlich richten die Eltern eine Arbeitsecke mit Schreibtisch in ihrem Schlafzimmer ein. Keinen festen Arbeitsplatz zu haben, bedeutet hier also nicht die Freiheit der Wahl, sondern die Notwendigkeit, sich bei begrenztem Wohnraum innerfamiliär abzusprechen, kooperativ und flexibel zu sein. Inwieweit jedes Familienmitglied mit einem PC, Laptop oder Tablet ausgestattet ist oder ob auch diesbezüglich Absprachen nötig sind, wer die Geräte wann nutzen kann, lässt sich aus diesem Interview nicht ablesen.

Andere Studien zum coronabedingten Fernunterricht haben aber deutlich gemacht, dass die technische und die räumliche Ausstattung der Familien sehr unterschiedliche Arbeitsbedingungen hervorbringt (Knauf, 2023; Fickermann & Edelstein, 2020), die soziale Ungleichheit im Bildungsbereich noch verstärken können. Deutlich wird dabei, dass sich Lehrkräfte immer wieder vor Augen führen sollten, dass die häuslichen Bedingungen für Hausaufgaben und Lernen sehr unterschiedlich und in vielen Fällen alles andere als optimal sind. Welche Bedeutung kann ein solches Wissen über unterschiedliche häusliche Arbeitsbedingungen der Schüler:innen für Lehrpersonen haben? Das lässt sich sicher nicht einfach beantworten und ist durch widersprüchliche Handlungsanforderungen geprägt. Einerseits ist manchmal besondere Kulanz angemessen, wenn deutlich wird, dass Hausaufgaben nicht in Ruhe erledigt werden konnten. Dann braucht das Kind eher Unterstützung als Sanktionen. Andererseits kann mit einer solchen Unterstützung auch die Gefahr von Bloßstellung und Abwertung verbunden sein, wenn ungleiche Voraussetzungen öffentlich werden, sodass auch solche möglichen ›Nebenwirkungen‹ Aufmerksamkeit bedürfen. Entscheidend wird somit v. a., dass eine erfolgreiche Hausaufgabenbearbeitung nicht abhängig von verfügbaren familiären Ressourcen wird und sich ohne große Aufwendungen für die Schüler:innen umsetzen lässt.

5.2 Stillgestellte Körper

Zunächst betrachten wir zwei Schüler:innen, Emily und Alexandra, die beide für sich alleine an Hausaufgaben arbeiten. Die folgenden Beschreibungen der Körperaktivitäten beruhen auf Videoaufzeichnungen, die die Kinder selbst von sich aufgenommen haben:

> Emily sitzt am Esstisch der Familie und schreibt. Vor ihr liegt ein Schreibheft, daneben ein Arbeitsblatt, auf dem eine gezeichnete »Vater und Sohn«-Geschichte zu erkennen ist und darunter handschriftlicher Text. (...) In der Hand hält Emily einen blauen Stift. Während sie mit der rechten Hand auf der rechten Seites des Heftes schreibt, liegt der linke Unterarm auf der linken Heftseite, die Stiftkappe in der Hand. Der Blick ist meist auf das Schreibheft gerichtet, gelegentlich wandert er vom Heft zum Arbeitsblatt und zurück. Der Rest des Körpers ist nahezu unbewegt. Dies bleibt über zwanzig Minuten so. Nur einmal kommt Bewegung auf: Als der Tintenkiller im ansonsten sehr ordentlich vorbereiteten Arbeitsplatz fehlt, hüpft Emily geradezu auf, um ihn zu holen. Sie erwacht

5.2 Stillgestellte Körper

aus ihrer Bewegungslosigkeit. Danach alles wie zuvor: kaum Bewegung in Körper und in den Armen. Zwischendurch wird mal der Kopf abgestützt.
5. Klasse, Gymnasium (aus: Bräu, 2020, S. 195)

Alexandra sieht man in einem deutlich als Kinderzimmer zu erkennenden Raum. Auf dem Schreibtisch liegen allerlei Gegenstände: ein Workbook, ein Hausaufgabenheft, ein Schulbuch, ein Mäppchen, eine große Wanduhr, ein Wecker, Stifte und einiges mehr. Sie sitzt zunächst ziemlich unbewegt am Schreibtisch und schreibt. Dann kommt aber bei Alexandra etwas mehr Bewegung ins Spiel. Zum einen spielt sie mit ihrem Stift und mit dem Körper. Sie ›trompetet‹ hörbar auf ihrer Hand, dann steht sie auf und schließt die Tür. Als sie zurückkommt, legt sie den Unterschenkel des linken Beines auf dem Stuhl ab, während sie mit dem anderen Bein auf dem Boden stehen bleibt. Dadurch bleibt sie zusammen mit dem Stuhl in Bewegung, schiebt ihn mit dem darauf liegenden Bein hin und her und beginnt mit den Armen tänzerische, ballettartige Bewegungen zu machen. Gleichzeitig wendet Alexandra aber den Blick nicht vom Übungsbuch und scheint weiter sehr fokussiert und konzentriert zu sein.
5. Klasse, Gymnasium (aus: Bräu, 2020, S. 196)

- Einerseits die schulisch gewünschte Konzentration auf die Lese- und Schreibtätigkeit, andererseits die Stilllegung der jungen Körper – was halten Sie im Zusammenhang mit Hausaufgaben für eine angemessene Balance zwischen Konzentration und Bewegungslust?
- Wie kommt es, dass Kinder/Jugendliche sich zu Hause so sehr disziplinieren, wo sie sich doch – anders als im Unterricht – frei bewegen können?

Emily wirkt sehr konzentriert und auf Heft und Arbeitsblatt fokussiert. Im Schreiben scheinen sich Nachdenken und Lernen zu manifestieren: Es wird ein Text produziert. Die langanhaltende Bewegungsarmut ist allerdings frappierend. Scheinbar durch nichts abgelenkt sind nur sehr kleinräumige Bewegungen zu sehen: Der Kopf dreht sich leicht, die Hand wechselt manchmal kurz die Position, der Oberkörper beugt sich manchmal weiter vor, manchmal zurück in eine aufrechte Sitzhaltung – mehr nicht. Das Aufhüpfen, als Emily den fehlenden Tintenkiller holt, wirkt dazu als deutlicher Kontrast. Es erinnert an die von Mohn und Amann (2006) mit der Metapher des ›Standby‹ von Elektrogeräten versehene Beobachtung von Schüler:innen im Unterricht, die beinahe regungs- und teilnahmslos an ihrem Platz sitzen und durch irgendeinen Satz oder eine Aufforderung wieder in einen Aktivitäts- und Aufmerksamkeitsmodus gelangen. Allerdings ist die Aufmerksamkeitsstärke hier im Fall von Emily umgekehrt gelagert: Das Stillsitzen ist gekoppelt mit hoher Konzentration, während das Aufspringen und die Rückkehr von Bewegung in den Körper eher ein Akt ist, in dem die Aufmerksamkeit unterbrochen ist.

Auch bei Alexandra stellt sich das Hausaufgabenmachen als ein weitgehendes Ruhigsitzen und Schreiben oder Lesen in einem engen Radius dar, sodass Körperbewegungen bisweilen wie eingefroren oder eingezäunt wirken. Gleichzeitig gibt es Ausnahmen, in denen trotz weitgehender Konzentration auf die Aufgaben bzw. auf Buch und Heft Bewegung in den kindlichen Körper kommt: aufstehen und weggehen, auf und mit dem Stuhl turnen, mit Stiften und anderen Arbeitsmaterialien spielen.

Vergleichen wir diesen Wechsel von langem Stillsitzen und wenigen ausgleichenden Bewegungsmomenten mit Körperhaltungen von Schüler:innen im Unterricht. Naheliegend ist ein Vergleich mit Einzel- und Freiarbeit sowie mit Klassenarbeiten, also Unterrichtsarrangements, in denen die Schüler:innen ebenfalls meist alleine an Aufgaben arbeiten sollen. Die Beobachtungen von Breidenstein (2006, S. 174–193) zeigen, wie sehr Einzel- und Freiarbeit ein kommunikatives Geschehen ist. Selbst wenn nicht laut gesprochen wird, wird geschaut, wie weit die anderen sind, wird gemeinsam an einer Aufgabe gearbeitet oder wird publikumswirksam von der Aufgabenbearbeitung abgelenkt. Dies ist bei Klassenarbeiten (vgl. ebd., S. 202–213) die meiste Zeit anders. Hier herrscht nach den Beobachtungen von Breidenstein weitgehend Ruhe und es zeigt sich eine effektive Arbeitsorganisation, bei der alles bereitliegt und Bewegung vermieden wird. Insofern ähneln weite Teile des oben beschriebenen Hausaufgabenmachens eher einer Klassenarbeit als Einzel- bzw. Freiarbeit im Unterricht. Wenn die jungen Körper beim Hausaufgabenmachen ähnlich wie bei Klassenarbeiten ruhiggestellt sind, liegt die Frage nahe, ob Hausaufgaben auch eine ähnliche Funktion wie Klassenarbeiten oder Tests haben. In der Tat zeigen Beobachtungen zur Praxis von Hausaufgabenbesprechungen im Unterricht (Fuhrmann, 2022 und ▶ Kap. 9), dass Hausaufgaben ständigen Bewertungen unterliegen (Bräu & Fuhrmann, 2019; Fuhrmann, 2017), dass sie also relevant für die Herstellung von Leistungssituationen sind und dass man bei bewertenden Rückmeldungen zu Hausaufgaben von Bausteinen späterer Noten ausgehen kann. Spiegelt sich also in der oft ruhiggestellten Körperhaltung beim Hausaufgabenmachen die Bedeutung von Hausaufgaben für Leistungsbewertungen?

Jedenfalls kann man sich weiterhin fragen, warum in einem Setting zu Hause, bei dem man sich frei (oder deutlich freier als im Unterricht) bewegen könnte, nicht viel mehr Bewegung zu beobachten ist. Hierzu zwei Thesen: Zum einen könnte es sein, dass die Kamera, mit der die Schüler:innen ihre Hausaufgabenbearbeitung dokumentiert haben, einen ähnlich disziplinierenden Charakter hat wie im Unterricht der:die Lehrer:in, die allzu viel Beweglichkeit in der Regel unterbinden. Ohne die zu Forschungszwecken einbezogene Kamera würden sich die Kinder während der Hausaufgabenzeit vielleicht mehr im Raum bewegen, auf dem Boden liegen oder mit dem Stuhl turnen. Zum anderen scheint der Habitus eines Schulkindes verinnerlicht und tendenziell nicht aufgeteilt in einen schulischen und einen häuslichen Teil. Mehr noch scheinen Hausaufgaben, mit denen schulbezogenes Arbeiten in den häuslichen Bereich Eingang findet, daran mitzuwirken, dass eine solche Haltung auch außerhalb des Unterrichts weiter eingeübt und die Passung zu schulischen Vorstellungen des Arbeitens verfestigt wird (vgl. auch

Kliche, 2022). Wenn also Hausaufgaben direkte oder indirekte Leistungssituationen sind, dann ist das Stillsitzen beim Hausaufgabenmachen die im Zusammenhang mit Klassenarbeiten, aber auch sonst im Unterricht gelernte Haltung (Bräu, 2020).

5.3 Arbeitsstrategien

Lehrer:innen sehen im Unterricht allenfalls die fertigen Hausaufgaben, wissen aber nicht, wie sie zustande kamen. Über die Hilfen, die sich die Schüler:innen holen oder die sie bekommen, soll das Kapitel 6 Einblicke geben. Wir möchten hier Strategien von Schüler:innen vorstellen und diskutieren, mit denen Hausaufgaben zeitökonomisch bearbeitet werden oder ihnen ein Lustfaktor verliehen wird.

Nieswandt (2014) berichtet in ihrer ethnografischen Studie, bei der sie Kinder beim Hausaufgabenmachen zu Hause beobachtete, über folgende Strategie eines Erstklässlers, der das Schreiben des Buchstabens E in einem linierten Heft üben soll.

> Bünyamin will seine Mutter in Staunen versetzen, wie schnell er E's schreiben kann. Er geht effektiv vor: »Ich habe einen Trick, da wird sich die Mama wundern, wie schnell ich schreiben kann.« Und so schreibt er in einem festen Rhythmus zunächst 13 Querstriche (oben), dann die Senkrechtstriche und zuletzt die beiden fehlenden Querstriche in der Mitte und unten. Da ihn die Heftklammer stört (es handelt sich um einen roten Pappordner mit Metallheftstreifen), dreht er die Mappe schließlich auf den Kopf und schreibt so weiter. Um 14:07 Uhr ist er fertig mit der ersten Reihe.
> 1. Klasse, Grundschule (aus: Nieswandt, 2014, S. 132)

5.3 Arbeitsstrategien

> - Würden Sie dieses Vorgehen des Schülers als Elternteil oder als Lehrperson unterbinden oder es unkommentiert lassen? Warum?
> - Welche Bedeutung hat es, dass beim Schreibenlernen oder bei verschiedenen Rechenarten in der Schule meist ein ganz bestimmtes Vorgehen gelehrt und auf dessen Einhalten gepocht wird, obwohl es oft unterschiedliche Herangehensweisen gibt?

In der Analyse von Nieswandt (2014, S. 132 ff.) erfahren wir, dass Bünyamin bereits lesen kann und sich wahrscheinlich bei den langwierigen Schreibübungen zu den einzelnen Buchstaben langweilt. Er entwickelt daher das beschriebene Verfahren, das die Aufgabe kreativ und zeitökonomisch umwandelt. Dem Ergebnis ist nicht anzusehen, wie die E's entstanden sind. Aber die Mutter kontrolliert die Schreibweise und stellt fest, dass das Schreibübungsheft eine andere Abfolge der Striche und ein Buchstabe nach dem anderen vorsieht. Bünyamin konnte seine Mutter also nicht mit der Geschwindigkeit des Schreibens beeindrucken, sondern muss sein Vorgehen als ›falsch‹ bewertet hören. Einerseits kann sie mit der Vorlage im Schreibübungsheft belegen, dass die Striche des E's in einer anderen Abfolge geschrieben werden sollen, andererseits fragt sie sich selbst, ob es sich lohnt, mit ihrem Sohn in einen Konflikt zu gehen. Denn Bünyamin schreibt die Buchstaben unbeirrt weiter, wie er es angefangen hat: nun erst alle senkrechten Striche für die ganze Zeile, dann die Querstriche oben ebenfalls jeweils über die ganze Zeile und so weiter. Dieses ›Spiel‹ funktioniert nur, weil der Schüler aus Übungszwecken den Buchstaben E über mehrere ganze Zeilen schreiben soll. Das kommt beim späteren Schreiben aber nicht mehr vor. Es stellt sich also die Frage, ob er tatsächlich etwas Falsches einübt, das später zu Problemen führen wird, oder ob der Kreativität und dem Spielerischen, die er in die Aufgabenbearbeitung legt, nicht freien Lauf gelassen werden sollte. Außerdem liegt in diesem Fall die Überlegung nahe, welche Hausaufgaben man Bünyamin geben könnte (Stichwort: Differenzierende Hausaufgaben), wenn er schon lesen (und schreiben) kann, damit er sich nicht langweilt.

Auch Larissa (7. Klasse, Gymnasium) arbeitet eine Hausaufgabe im Fach Deutsch schnell ab. Es geht darum, eine Tabelle zu Adverbialsätzen aus dem Buch in das Heft zu übertragen. Die Tabelle enthält vier Spalten mit den Überschriften »Adverbialsatz«, »Aussage über«, »Konjunktion« und »Beispiel«. Die erste Zeile lautet demnach: »Temporalsatz«/»Zeitpunkt, Zeitdauer«/»als, nachdem, bevor, wenn, während, sobald«/»Nachdem wir gegessen hatten, gingen wir in die Turnhalle«. Mit weiteren neun Satzarten, wie z.b. »Kausalsatz«, »Konsekutivsatz«, »Modalsatz« sind alle Spalten der Tabelle gefüllt. Larissa erklärt der Beobachterin, sie sollen die Tabelle ins Heft übertragen, damit sie sich diese besser merken können.

> Larissa verwendet nun einen Füller und überträgt schnell die Zeilen und Spalten in ihr Heft. Sie füllt dann erst die vierte Spalte aus, in der Beispielsätze stehen, also am meisten zu schreiben ist. Daher muss sie ganz klein schreiben, was mit dem Füller gar nicht so einfach ist. Dann folgt die erste Spalte, dann die zweite von unten nach oben und die dritte Spalte wieder von oben nach unten. So geht es relativ schnell.
> 7. Klasse, Gymnasium

Auch hier lässt sich am Ergebnis im Heft die unkonventionelle Abfolge des Abschreibens nicht nachvollziehen. Die Beobachterin notiert im Beobachtungsprotokoll, dass sie Zweifel habe, ob Larissa in dieser Technik die einzelnen Adverbialsätze wirklich verstehen und sich merken könne. Tatsächlich erinnert dieses Vorgehen an die Technik von Bünyamin des Schreibens vieler E's. In beiden Fällen folgt das Tun der Logik, möglichst schnell ein gewünschtes Ergebnis ins Heft zu bringen, während das Üben irrelevant wird. Obwohl Larissa zuvor die von der Lehrerin intendierte didaktische Funktion des Abschreibens als Hilfe zum Merken berichtet hat, folgt sie in der Ausführung einer zeitökonomischen Logik. Vielleicht auch, weil sie das bloße Abschreiben sinnlos findet und die Tabelle insgesamt so komplex ist, dass man sie sich ohnehin kaum merken wird. Durch die ›eigensinnige‹ Bearbeitung der Aufgaben gelingt es den Schüler:innen, einerseits die Aufgabe wie erwartet im Heft stehen zu haben, aber andererseits dem Tun eine eigene Handschrift zu verpassen und durch ein cleveres Vorgehen kleine Fluchten aus den engen Vorgaben der Aufgaben zu schaffen.

6 Unterstützung und Beteiligung beim Hausaufgabenmachen

Sehr viele Kinder und Jugendliche erledigen die Hausaufgaben nicht (vollständig) alleine. So zeigen Befragungsstudien eine hohe Beteiligung von Eltern – meist sind es die Mütter – zumindest bis zum 7. Schuljahr (Killus & Paseka, 2014). Dies wird zwar von vielen Lehrer:innen und Bildungsexpert:innen nicht gutgeheißen, meist mit dem Argument, dass Kinder über die eigenständige Hausaufgabenbearbeitung Verantwortung und Selbstständigkeit lernen sollen. Viele Eltern lassen sich allerdings von solchen Argumenten kaum davon abhalten, ihre Kinder zu unterstützen und sich in die Hausaufgabenbearbeitung einzubringen. Und zumindest für die Kontrolle, dass die Kinder die Hausaufgaben auch erledigen, nimmt die Schule die Eltern durchaus in die Pflicht.

Wenn schon die Unterstützung durch Familienangehörige umstritten ist, so gilt dies noch mehr für Hilfen über Online-Portale, bei denen zu vielfältigen Themen Musterlösungen eingestellt sind und Fragen gestellt werden können, oder die Nutzung von Messenger-Diensten, mit denen Freund:innen oder die ganze Schulklasse angeschrieben werden. Geht es dabei um Unterstützung bei einem Teilproblem, dessen Lösung über die Onlinedienste zur eigenständigen Weiterbearbeitung der Hausaufgaben führen? Oder geht es um das Abschreiben bzw. Übernehmen von Texten, die dann nur eine geringe Eigenbeteiligung an der Hausaufgabe darstellen? Ähnlich verhält es sich mit dem ›klassischen‹ Abschreiben von Hausaufgaben, etwa auf dem Schulweg oder in den Pausen, das von Lehrer:innen nicht begrüßt, aber dennoch von den Schüler:innen häufig praktiziert wird (Kohler & Katenbrink, 2023).

Die Unterstützung bei Hausaufgaben hat also in den meisten Fällen einen Beigeschmack von ›soll nicht sein‹ bis hin zum Betrugsvorwurf. Das Thema ist aber komplexer, denn es geraten bei Hausaufgaben unterschiedliche Interessen der Beteiligten in Konflikt. Dies soll an mehreren Beispielen zur elterlichen Unterstützung (▶ Kap. 6.1), zu Online-Portalen, Messenger-Diensten und Apps mit Künstlicher Intelligenz (▶ Kap. 6.2) sowie zum klassischen Abschreiben von Hausaufgaben (▶ Kap. 6.3) verdeutlicht werden.

6.1 Elternbeteiligung beim Hausaufgabenmachen

Es wurde bereits angedeutet, dass Elternbeteiligung bei Hausaufgaben widersprüchlichen Interessen unterliegt. Die Schule bzw. die Lehrer:innen fordern einerseits Zurückhaltung der Eltern mit dem Argument, die Selbstständigkeit der Kinder zu fördern[4], sind aber andererseits an einer Kontrolle der Hausaufgaben durch die Eltern interessiert. Die meisten Eltern wiederum möchten dem eigenen Kind möglichst gute Unterstützung für einen hohen Bildungsabschluss geben, sind aber in eigene Berufs- und andere Tätigkeiten eingebunden und/oder fühlen sich nicht ausreichend für die Hausaufgabenunterstützung qualifiziert. Und auch für die Kinder und Jugendlichen entstehen Widersprüche: Sie lassen sich einerseits gerne von den Eltern bei den Hausaufgaben unterstützen (Standop, 2013, S. 165), andererseits möchten sie sich auch von den Erwachsenen abgrenzen und deren Kontrolle unterbinden oder vermeiden (Coutts, 2004).

---

4 Z.B. Spiegel online: Sollen Eltern bei den Hausaufgaben helfen? (www.spiegel.de/lebenundlernen/schule/hausaufgaben-sollen-eltern-helfen-experten-antworten-a-1006426.html) [20.10.2023].

Im Folgenden werden Umgangsweisen mit diesen Dilemmata vorgestellt.

Vertrauen in die Selbstständigkeit der Kinder

Wir betrachten zunächst zwei Schülerinnen (beide 5. Schuljahr eines Gymnasiums) beim Hausaufgabenmachen und wie ihre Mütter dabei eingebunden sind (vgl. auch Bräu 2017a, 2017b).

Alexandra sitzt am Schreibtisch in ihrem Kinderzimmer vor dem Englischarbeitsbuch. Sie ruft ihre Mutter, schaut sich dann im Buch eine der Aufgaben an und zeigt der Mutter, als sie kommt, welche Aufgabe sie bearbeiten soll. Auch die Mutter liest die Aufgabe, fängt an, auf Deutsch zu erklären, unterbricht sich, um die Aufgabe auf Englisch vorzulesen. Es geht um Uhrzeiten. Die Mutter steht dicht hinter der Tochter, über sie gebeugt, und liest im Buch, das auf dem Tisch liegt, bevor sie schließlich mit der Erklärung beginnt. Währenddessen lehnt sich Alexandra auf ihrem Stuhl zurück und gähnt.

> Alexandras Mutter beginnt erneut ihre Erklärung und sagt »Zeichnen sollst du die! Zeichne fünf Zeiten an fünf verschiedenen Uhren.« Dann wiederholt sie das und sagt, dass Alexandra fünf verschiedene Uhren zeichnen soll, mit fünf verschiedenen Uhrzeiten drauf, um danach nach den Uhrzeiten zu fragen. Zur Veranschaulichung spricht sie – etwas stockend – der Tochter auf Englisch die Frage nach der Uhrzeit vor und verdeutlicht ihr auch, welche Antwort auf die Frage gegeben werden muss. Alexandra spielt dabei weiter mit ihrem Stift und öffnet und schließt ihn mit einem Knacken. Die Mutter erläutert erneut kurz, was Alexandra zu tun habe. Alexandra äußert ihr Verständnis durch ein »Ok« und dreht sich mit ihrem Stuhl wieder zum Schreibtisch, dabei streckt sie sich, sagt laut »Ouf« und legt das Englischbuch, das die Mutter zwischenzeitlich in der Hand hatte, zugeschlagen neben sich. Dann wendet sie sich ihrem Heft zu, um mit der Aufgabe zu beginnen. Alexandras Mutter fragt, ob sie das Buch nicht noch benötige. Sie nimmt es in die Hand, während ihre Tochter schon beginnt, in ihr

6.1 Elternbeteiligung beim Hausaufgabenmachen

> Heft zu zeichnen. Alexandra antwortet, dass sie es nicht mehr brauche, wenn sie fünf verschiedene Uhren zeichnen müsse. Ihre Mutter blättert gleichzeitig in dem Englischbuch und sucht die Seite mit der Aufgabestellung. Sie entgegnet in einem etwas lauteren Ton, dass sie ja auch noch dazu schreiben müsse. Sie wiederholt etwas leiser, dass sie doch auch noch auf Englisch nach der Uhrzeit fragen und die Antwort dazu geben müsse. Sie öffnet das Buch an der richtigen Stelle und stellt es zurück auf den Buchhalter.
> 5. Klasse, Gymnasium (aus: Bräu, 2017b, S. 211 f.)

Insgesamt vier Mal erklärt Alexandras Mutter ihrer Tochter, was sie tun soll: Fünf Uhren zeichnen mit beliebigen Uhrzeiten und dann jeweils auf Englisch nach der Uhrzeit fragen und die entsprechende Antwort geben. Sie spricht beispielhaft die Frage nach der Uhrzeit und eine Antwort vor und als Alexandra mit der Aufgabenbearbeitung anfängt, dabei aber das Buch zuklappt, da sie Uhren auch ohne Buch zeichnen könne, wiederholt die Mutter weitere zwei Mal, dass sie auch noch Frage und Antwort dazu formulieren müsse, und verweist auf das Beispiel im Buch.

Kontrastieren wir das mit Emily und ihrer Mutter, denn auch Emily lässt sich gerne beim Hausaufgabenmachen unterstützen. Sie sitzt ebenfalls an Englisch-Hausaufgaben:

> Emily hebt den Kopf und sagt mehrmals »words«. Die Mutter hilft weiter und liest die Aufgabenstellung vor: »Words with s. Read and write. Also Wörter mit s am Anfang. Can you sing a...« – »song.«, ergänzt direkt Emily. Die Mutter bestätigt. »The Ca...«, beginnt Emily stockend zu lesen. Die Mutter ergreift die Initiative: »The Capels live in a flat over...« – »a... shop«, ergänzt Emily. Dann trägt sie etwas in das Workbook ein und schaut direkt zu ihrer Mutter. »Gut«, lobt diese, während Emily schreibt. Die Schülerin liest den nächsten Satz »Amanda is my... sister«, sagt sie und schreibt dabei »sister« direkt ins Heft. »The... summer...«, sagt sie weiter und schreibt das Wort direkt ins Arbeitsbuch. Die Mutter gibt leise

einen Hinweis: »Summer mit...« – »U«, sagt Emily und verbessert den Eintrag.
5. Klasse, Gymnasium (aus: ebd., S. 213)

> - Wie würden Sie die unterschiedlichen Beteiligungen der Mütter an den Hausaufgaben ihrer Töchter charakterisieren?
> - Inwiefern sind in den beiden Fällen die Beteiligungen der Mütter an den Hausaufgaben zielführend oder eher hinderlich bei der Bearbeitung?
> - Führen die Interventionen der Mütter zu besseren Hausaufgabenergebnissen? Bei Ja und bei Nein: Woran liegt das?
> - Halten Sie es für sinnvoll, dass Schüler:innen Unterstützung bei den Hausaufgaben von Familienangehörigen bekommen? Wenn ja, in welcher Form?

Es geht um Hausaufgaben im Fach Englisch. Beide Kinder haben ihre Mütter gerufen und um Hilfe gebeten und beide Mütter sind zur Unterstützung gekommen. Sie lesen zunächst die jeweilige Aufgabenstellung aus dem Buch vor und klären sie dann nochmal auf Deutsch. Soweit ähneln sich die beiden Situationen.

Nun zunächst zu Alexandra und ihrer Mutter: Es spricht fast nur die Mutter, das Kind lehnt sich zurück und überlässt ihr damit auch körperlich das Feld. In mehreren Wiederholungen, mal auf Englisch, mal auf Deutsch, mal wörtlich bzw. wörtlich übersetzt, mal in eigenen Worten, trägt die Mutter die Aufgabenstellung aus dem Buch vor. Später, da Alexandra nicht glauben möchte, dass sie tatsächlich auch noch jedes Mal die beiden Sätze dazu schreiben soll, wird auch noch der ältere Bruder hinzugeholt, der die Mutter bestätigt, sodass die Aufgabe noch weitere Male erklärt wird. Diese vielfache Wiederholung der eigentlich unkomplizierten Aufgabenstellung verweist auf die Überzeugung und Zuschreibung durch die Mutter, dass Alexandra die Aufgabe nicht alleine verstehen kann. Der Blick auf das zugeschlagene Buch scheint für die Mutter wie eine Bestätigung, dass die Aufgabe ein weiteres Mal geklärt werden muss. Alexandra spiegelt

6.1 Elternbeteiligung beim Hausaufgabenmachen

diese Zuschreibung und bildet somit das Pendant zur Mutter. Sie ruft (auch in weiteren Szenen und an anderen Tagen) sehr schnell ihre Mutter und lässt sich Aufgaben erläutern oder bei der Bearbeitung helfen. Die Mutter kommt, sobald sie gerufen wird. Solange die Mutter mit der Aufgabe befasst ist, lehnt sich Alexandra zurück und überträgt die Verantwortung an die Mutter. Sie scheint sich selbst kaum zuzutrauen, Hausaufgaben selbstständig zu bearbeiten. Mutter und Tochter tragen also gemeinsam dieses ›Wissen‹ um die (vermeintliche) Unselbstständigkeit von Alexandra.

Die Mutter scheint des Weiteren ein ›Wissen‹ über den Charakter von schulischen Aufgaben zu haben. Es handelt sich um ein implizites und praktisch gelagertes Verständnis, wie schulische Aufgaben ›funktionieren‹ und auf welche Teilschritte es ankommt, damit die Lösung im Unterricht Anerkennung findet. Alexandras Mutter ›weiß‹ – anders als offensichtlich ihre Tochter –, dass Uhren im Englischunterricht nicht lediglich gezeichnet werden sollen, sondern dass da auch ein Aufgabenteil enthalten sein muss, in dem die englische Sprache verwendet werden muss. Mit diesem ›Wissen‹ im Hintergrund prüft sie noch einmal die Aufgabenstellung, nachdem Alexandra erklärt hat, sie brauche das Buch nicht, um Uhren zu zeichnen.

Die Szene mit Emily beginnt sehr ähnlich wie bei Alexandra. Die Mutter liest die Aufgabenstellung aus dem Englisch-Arbeitsheft auf Englisch vor und switcht dann zum Deutschen. Der Unterschied zeigt sich jedoch in der Art der Hilfe. Wie ein eingespieltes Team – und das lässt sich tatsächlich über mehrere Tage bei den beiden beobachten – beginnt die Mutter Sätze, bricht wie bei einem Lückentext ab und Emily vervollständigt dann den Satz (»Can you sing a ...« – »song«). Dieses Spiel funktioniert sogar bei der Korrektur einer Schreibweise (»summer mit ...« – »U«).

Emilys Mutter gibt also Hilfen, die nicht alles verraten, bei denen Emily mitdenken muss. Sie geht demnach davon aus, dass die Tochter mit entsprechender Unterstützung selbst auf die Lösung kommt. Und auch hier bildet Emily den passenden Gegenpart. Sie denkt mit und füllt tatsächlich die Satzlücken. Das Zutrauen in die Fähigkeit, die Hausaufgaben richtig zu bewältigen, ist beidseitig vorhanden, zumindest mit Hilfestellungen, die die Mutter geradezu mit didaktischer Kompetenz dosiert und einsetzt. Sie vertraut auf die Kenntnisse der Tochter. Deutlich wird dabei aber auch, dass diese Anleitungen und Erklärungen der Eltern entscheidend dazu beitragen, dass die Hausaufgaben erledigt werden können. Von schulischer Seite wird es somit relevant einzubeziehen, dass diese Kenntnisse und Fähigkeiten von Eltern nicht vorausgesetzt werden können und nicht vorausgesetzt werden sollten.

Vergleichen wir beide Fälle, kann man im Fall von Alexandras Mutter rekonstruieren, dass sie in ihrem Vorgehen ihre Tochter als relativ unselbstständig adressiert, dass diese also nicht alleine und ohne Kontrolle in der Lage sei, Aufgaben zu verstehen und richtig zu bearbeiten. Emilys Mutter hat mehr Vertrauen in die Selbstständigkeit ihrer Tochter und geht davon aus, dass diese mit leichten Hilfen selbst auf die Lösung einer Aufgabe kommt. Beide Töchter arbeiten aber quasi an dieser Zuschreibung mit, Alexandra, indem sie sich zurücklehnt und das Feld der Mutter überlässt, und Emily, indem sie aktiv mitarbeitet und die Sprechlücken füllt. Nimmt man die Erkenntnisse der Hausaufgabenforschung hinzu (▶ Kap. 2), ist es wahrscheinlich, dass sich Emily eher Lernmotivation erhalten kann als Alexandra.

Die starke Betreuung der Töchter bei den Hausaufgaben, die beide Mütter vollziehen, auch wenn sie sich in ihrem ›Wissen‹ um die Selbstständigkeit der Kinder unterscheiden, deutet auf den Wunsch hin, die Hausaufgaben sollen vollständig und richtig bearbeitet werden. Beiden Müttern geht es um gute Leistungen der Kinder bei den Hausaufgaben. Sie übernehmen selbst die Verantwortung dafür und geben sie nicht an die Schule zurück. Es ist naheliegend, davon auszugehen, dass Eltern sich wünschen, dass ihre Kinder erfolgreich in der Schule sind, und sie sie daher bei Bedarf nicht alleine mit Hausaufgaben lassen, wohl wissend, dass auch Hausaufgaben bewertungsrelevant werden können. Sie kennen die Selektionsmechanismen der Schule – gerade im 5. Schuljahr des Gymnasiums – und dass falsche Lösungen bei Hausaufgaben kein gutes Bild auf das eigene Kind werfen. Richtige und vollständige Hausaufgaben hingegen können das Image einer fleißigen und leistungsstarken Schülerin im Unterricht (Bräu & Fuhrmann, 2015) unterstützen, das sich z. B. auf mündliche Noten auswirkt. Insofern ist die elterliche Unterstützung bei Hausaufgaben in Widersprüche verstrickt. Einerseits sollen sie (und möchten meist auch) die Selbstständigkeit ihrer Kinder nicht untergraben. Andererseits ist die Sorge vieler Eltern groß, dass das eigene Kind einen guten Schulabschluss erreicht, und dabei möchte man das Kind unterstützen. Dies könnte auch die Motivation für das Handeln im folgenden Fall sein.

Nichtverstehen verbergen

Der Fall von Charlotte mit ihrer Mutter wurde bereits mehrfach publiziert (Bräu, Harring & Weyl, 2017; Bräu, 2023). Hier soll daher nur ein Aspekt daraus noch einmal hervorgehoben werden. Worum geht es?

Charlotte soll als Mathematikhausaufgabe die Dezimalzahlen 21 bis 40 in binäre Zahlen umwandeln. Die Zahlen bis 20 wurden im Unterricht besprochen. Charlotte hat das Prinzip der Bildung binärer Zahlen aber nicht verstanden und auch die Mutter ist ratlos. Die im Heft stehenden Zahlen 100, 101, 110, 111, 1000 usw. liest sie wie Dezimalzahlen als Hundert, Hunderteins, Hundertzehn, ... Die Mutter schlägt Ziffernfolgen aus Einsen und Nullen vor, die binären Zahlen erschließen sich aber beiden nicht.

> Charlotte macht nun den Vorschlag, dass die Mutter der Lehrerin eine Notiz schreiben soll, dass ihre Tochter die Aufgabe zwar versucht habe zu lösen, es aber nicht verstanden habe und deshalb die Hausaufgabe nicht fertig bearbeiten konnte. Die Mutter wirft ein »Nee, Charlotte, ich brauch da nix schreiben. Du hast das ja nicht verstanden. Ich hab ja keine Ahnung, was ihr hier machen sollt.« Charlotte, die den Kopf gesenkt gehalten hat, hebt ihn jetzt abrupt hoch und sagt energisch: »Ja, ich ja auch nicht.« Die Mutter erwidert: »Du warst doch heute anwesend in der Stunde.« Charlotte senkt wieder den Kopf: »Die anderen haben auch schon mal

Briefe geschrieben, dass sie's nicht verstanden haben.« Mutter: »Also ich kann dir gern daneben schreiben, dass du halt im Unterricht nicht zugehört hast und es nicht verstanden hast.« »Wieso nicht zugehört?«, wirft Charlotte laut und energisch, fast trotzig ein, »das weißt du doch gar nicht, ob ich zugehört hab oder nicht.« Dabei hebt sie ihren Kopf und blickt böse zur Mutter. Diese versucht nun weiter die richtige Lösung zu finden. Nachdem aber beide erneut nicht viel mehr erkennen, als dass nur die Ziffern Eins und Null verwendet werden dürfen, schlägt die Mutter vor, einfach irgendwelche Abfolgen aufzuschreiben: »Dann schreib doch einfach was auf gut Glück, ist doch egal.« – »Ja und dann soll ich alles wieder auskillern?«, unterbricht Charlotte sie in quengeligem Ton.
5. Klasse, Gymnasium (aus: Bräu, Harring & Weyl, 2017, S. 72)

- Was halten Sie von Charlottes Vorschlag, die Mutter soll in einer kurzen Notiz an die Lehrerin mitteilen, dass die Tochter die Hausaufgabe nicht verstanden habe? Welche Vor- und welche Nachteile könnte dieses Vorgehen für Charlotte haben?
- Und wie stehen Sie zum Vorschlag der Mutter, irgendwelche Ziffernfolgen ins Heft zu schreiben? Welches Problem würde dieses Vorgehen lösen? Welches könnte es aufwerfen?

Wir haben hier einen Fall, bei dem die Mutter zwar willens ist, ihrer Tochter bei den Mathematikaufgaben zu helfen, aber weder sie noch Charlotte das mathematische Problem verstehen. Vor allem die Mutter bemüht sich, die Logik der binären Zahlenbildung zu erkennen, scheitert aber zunächst. Charlotte hat an dieser Stelle schon aufgegeben. Sie bittet die Mutter, eine Notiz an die Lehrerin zu schreiben, sie habe es versucht, aber nicht verstanden. Warum bedarf es einer solchen Notiz? Wenn Charlotte in der nächsten Mathematikstunde keine Hausaufgaben vorweisen kann, könnte sie sie vergessen oder keine Lust oder andere Prioritäten gehabt haben. All dies sind in der Regel keine in der Schule akzeptierten Entschuldigungen. Die Notiz könnte sie also vom Faulheitsvorwurf freisprechen. Und

6.1 Elternbeteiligung beim Hausaufgabenmachen

offensichtlich wird einer von der Mutter, also von einer Erwachsenen, geschriebenen Begründung mehr Glaubwürdigkeit zugeschrieben als einer mündlichen Begründung der Tochter selbst. Gleichzeitig macht eine solche Notiz ganz offensichtlich, dass Charlotte den Schulstoff nicht verstanden hat. Ihr scheint dies allerdings nichts auszumachen. Nichtverstehen – zudem zu Beginn einer neuen Unterrichtseinheit – gehört für sie zu den ›normalen‹ Erscheinungen von Unterricht, die kein Anlass zur Sorge sein müssen. Wenn die Mutter bestätigt, dass sie sich bemüht habe, dann müsste sie von Sanktionen wegen fehlender Hausaufgaben befreit sein und kann im folgenden Unterricht vielleicht nachholen, was sie in der vorangegangenen Stunde nicht verstanden hatte, so lässt sich ihr Vorschlag mit der Notiz deuten. Die Mutter sieht das anders. Indem sie der Tochter vorwirft, im Unterricht nicht aufgepasst zu haben, hält sie es quasi für ausgeschlossen, dass die Tochter aufmerksam war und die binären Zahlen trotzdem nicht verstanden hat. Sie macht damit ausschließlich ihre Tochter dafür verantwortlich, dass diese nicht weiß, wie sie die Hausaufgaben lösen soll: Wer im Unterricht aufpasst, versteht es. Der Lehrperson wird jedenfalls keine Verantwortung zugewiesen, sie könne das Thema noch nicht ausreichend erklärt und geübt haben. Charlotte unterliegt wahlweise dem Verdacht, unaufmerksam oder faul zu sein oder Inhalte nicht zu verstehen.

Nach dieser kleinen Eskalation beruhigt sich die Lage am Schreibtisch wieder. Die Mutter bemüht sich erneut, die Ziffernlogik zu erkennen, versteht sie aber genauso wenig wie Charlotte (was die Mutter aber als entschuldbar wertet, denn sie war ja nicht im Unterricht dabei). Warum bemüht sich die Mutter so? Ganz offensichtlich ist es ihr wichtig, dass Charlotte die Hausaufgaben in der nächsten Mathematikstunde vorweisen kann, vielleicht auch, dass sie der Tochter erklären kann, was sie im Unterricht nicht verstanden hat. Letztlich ist es wahrscheinlich, dass sie sich für Charlottes Bildungserfolg mitverantwortlich fühlt und ihre Tochter dabei unterstützen möchte. Was aber tun, wenn auch sie die Lösung nicht findet? Statt der Idee von Charlotte mit der Notiz an die Lehrerin zu folgen, schlägt sie nun ihrerseits vor, *irgendwelche* Zahlen aufzuschreiben.

Falsche Lösungen im Heft scheinen für sie besser zu sein als keine Lösungen. Aber was ist der Vorteil davon? Es gibt verschiedene Praktiken der Hausaufgabenkontrolle (Fuhrmann, 2022, S. 171–184). Eine davon ist das Gehen der Lehrperson durch die Sitzreihen mit einem mehr oder weniger oberflächlichen Blick, ob die Hausaufgaben erledigt wurden. Dabei wird tatsächlich erstmal nur geschaut, ob etwas im Heft steht oder nicht. Die Korrektheit der Lösungen wird erst im Anschluss – meist im Gespräch mit der Klasse oder durch Aufrufen einzelner Schüler:innen – geprüft. Diese Hürde, die über Sanktionen für nicht gemachte Hausaufgaben entscheidend sein kann, könnte durch irgendwelche Zahlen im Heft genommen werden. Obwohl die Mutter zunächst sogar die Tochter anschwärzen wollte, sie habe nicht aufgepasst (»ich kann dir gern daneben schreiben, dass du halt im Unterricht nicht zugehört hast«), legt dieser Vorschlag nahe, dass sie nun doch vermeiden möchte, dass Charlotte ein schlechtes Image bekommt, unaufmerksam zu sein oder keine Hausaufgaben zu machen. Und vielleicht gelingt es mit diesem Trick der beliebigen Zahlen sogar zu vertuschen, dass Charlotte den Unterrichtsstoff nicht verstanden hat. Und selbst wenn bei der Besprechung klassenöffentlich wird, dass die Ergebnisse falsch sind, scheint das immer noch besser zu sein, als keine Hausaufgaben gemacht zu haben. Charlotte sieht das eher pragmatisch, wenn sie diesen Vorschlag zurückweist. Sie möchte die Lösungen nicht löschen und korrigieren müssen. Anders als die Mutter hat sie (noch?) kein Bedürfnis nach Imagepflege, d.h. sich im Unterricht als fleißig, klug und aufmerksam zu inszenieren, um die Wahrscheinlichkeit guter Noten zu erhöhen (vgl. Bräu & Fuhrmann, 2019).

Fehler beim Vorsagen

Nicht immer können sich Eltern als wissend zeigen, wenn sie ihre Kinder beim Hausaufgabenmachen unterstützen möchten. In diesem letzten Abschnitt soll reflektiert werden, was geschieht, wenn Eltern falsche Informationen oder Lösungen weitergeben.

6.1 Elternbeteiligung beim Hausaufgabenmachen

> Alexandra sagt zu ihrer Mutter, dass sie noch ›Sprinkleranlage‹ rausfinden müsse, »wie die funktionieren und sowas«. Dabei winkt sie lässig mit ihrem rechten Arm ab. Sie beginnt, ihre rechte Hand auf dem Touchpad des Laptops zu bewegen. Im Hintergrund hört man ihre Mutter fragen, ob sie denn wisse, was eine Sprinkleranlage sei. Alexandra verneint. Die Mutter erklärt: »Wo man den Rasen mit sprengt.« Alexandra antwortet mit »Ach so«, sie habe gedacht, es handle sich um so ein ›Navigerät‹, und setzt dann mit beiden Händen zum Tippen auf der Tastatur an.
> 5. Klasse, Gymnasium (aus: Bräu, 2023, S. 198)

- Eine Sprinkleranlage ist kein Rasensprenger. Halten Sie diesen fehlerhaften Hinweis im Rahmen der Hausaufgabenunterstützung für problematisch?
- Was könnte im nachfolgenden Unterricht geschehen, wenn Schüler:innen auffällt, dass ihnen von den Eltern falsche Ergebnisse vorgesagt wurden?

Alexandra benennt kurz die noch ausstehende Hausaufgabe, nämlich herauszufinden, wie eine Sprinkleranlage funktioniere »und sowas«. Das Abwinken zeigt wohl an, dass sie die Aufgabe für nicht sehr aufwändig oder schwierig hält. Alexandra kennt den Begriff nicht, was die Mutter dazu bringt, es kurz zu erklären: »Wo man den Rasen mit sprengt.« Sie zeigt damit gegenüber ihrer Tochter einen vermeintlichen Wissensvorsprung und dass sie als Hausaufgabenunterstützung kompetent ist. Dies wird noch dadurch verstärkt, dass Alexandra eine ganz andere Vorstellung hatte, sie dachte an ein »Navigerät«, was sie aber mit der Aussage der Mutter verwirft. Nun kann man wohl sagen, dass die Erklärung der Mutter nicht ganz stimmt. Zwar handelt es sich bei einer Sprinkleranlage durchaus um ein Gerät, das Wasser versprüht (to sprinkle – versprühen; das engl. Wort für Rasensprenger ist tatsächlich sprinkler), aber den Begriff verwendet man im Deutschen ausschließlich für Anlagen, die zum Schutz vor Feuer in größeren Gebäuden installiert sind. Die Mutter führt Alexandra zwar weg von der Vorstellung des Navigationsgerätes und hin zu einem Gerät, das Wasser versprüht, lockt sie jedoch auf eine falsche Fährte. Da mit der kurzen Beschreibung der Mutter jedoch die Funktionsweise noch nicht erklärt ist, was für die Hausaufgabe herausgefunden werden soll, greift Alexandra zum Laptop. Das Internet wird ihr eine richtige Erklärung liefern, sodass die ungenaue Antwort der Mutter wohl unproblematisch wird und die Korrektur noch zu Hause erfolgen kann.

Interessant ist aber die Überlegung, wie mit falschen Hausaufgaben, die auf fehlerhafte Hilfe durch die Eltern zurückzuführen sind, im Unterricht umgegangen wird. Laura Fuhrmann (2022) hat viele Wochen Unterricht im Hinblick auf den Umgang mit Hausaufgaben beobachtet, aber keine Situation erlebt, in der ein:e Schüler:in ein falsches Ergebnis damit begründet hat, die Eltern hätten es falsch vorgesagt. Man kann also davon ausgehen, dass Schüler:innen – wenn so etwas vorkommt – nicht darüber sprechen. Eine Entlastung, nicht verantwortlich für die falsche Lösung zu sein, und die ›Schuld‹ auf die Eltern zu verlagern, scheint also in der Regel nicht in Frage zu kommen. Vielleicht möchten Schüler:innen die Eltern nicht inkompetent wirken lassen. Oder sie möchten verschweigen, dass die Eltern für die Aufgabenbearbeitung überhaupt einbezogen wurden, damit sie selbst nicht als hilfsbedürftig dastehen, und nehmen die falsche Lösung auf sich.

Generell kann man sagen, dass Elternbeteiligung bei Hausaufgaben eher im Verborgenen gehalten wird. Alexandra würde vermutlich nicht öffentlich machen, dass sie nur die Uhren malen wollte. Charlottes Mutter will mit der verweigerten Notiz an die Lehrerin nicht zeigen, dass sie hilft, es der Tochter aber auch nicht erklären kann. Und auch im Fall einer fehlerhaften Hilfe kann man davon ausgehen, dass die Schüler:innen meist nicht auf die Eltern verweisen werden. Sichtbar gemachte Elternhilfe könnte den Eindruck erwecken, dass das Kind nicht zur Selbstständigkeit erzogen wird. Zum anderen könnte die Lehrperson denken, das Kind sei nicht fleißig und leistungsstark genug, die Aufgaben alleine zu lösen, was sich negativ auf das Image und die Bewertung (z.B. hinsichtlich mündlicher Noten) auswirken könnte. Die Eltern aber wünschen sich einen guten Bildungserfolg für ihre Kinder, sodass sie helfen, dies jedoch verdeckt bleiben soll. Aber auch die Lehrer:innen möchten meist nichts Genaues über die Elternbeteiligung wissen und haben ein Interesse, dass diese im Verborgenen geschieht. Denn wüssten sie über die konkrete Praxis in den Familien ihrer Schüler:innen Bescheid, müssten sie auf ungleiche Bedingungen im familialen Umfeld reagieren und kämen unter Legitimationsdruck, dass über Hausaufgaben eingebrachte Leistungen nicht mehr individuell der:dem Schüler:in zugeschrieben werden können, sondern bisweilen von einer ganzen Familie hervorgebracht werden.

6.2 Hausaufgaben und der Einsatz von digitalen Medien, Messengerdiensten und künstlicher Intelligenz

Schüler:innen bekommen beim Hausaufgabenmachen nicht nur (mehr oder weniger hilfreiche) Unterstützung von Eltern oder Geschwistern, sondern sie tauschen sich auch über ihre Smartphones mit Klassenkamerad:innen oder Freund:innen aus, suchen nach Lösungen in Hausaufgabenportalen im Internet und neuerdings auch mit Programmen, die künstliche Intelligenz einsetzen, oder sie schauen sich Tutorials und Erklärvideos auf YouTube an. Immer häufiger werden aber auch Hausaufgaben gestellt, für die ausdrücklich Apps eingesetzt werden sollen, im Internet recherchiert oder digital kommuniziert werden soll. Wie sich der Einsatz digitaler Medien bei Hausaufgaben konkret zeigt, welche sozialen Prozesse damit einhergehen und wie sich das im Spektrum zwischen Lernen, Unterstützung, Abschreiben (hierzu mehr im ▶ Kap. 6.3) und Ablenkung bewegt, davon handelt dieser Abschnitt. Hausaufgaben werden also auch als eine kulturelle Praxis verstanden, die Wandlungsprozessen in der Medienlandschaft ausgesetzt ist (vgl. Rummler, Grabensteiner & Schneider Stingelin, 2023).

Klassen- und private Chats

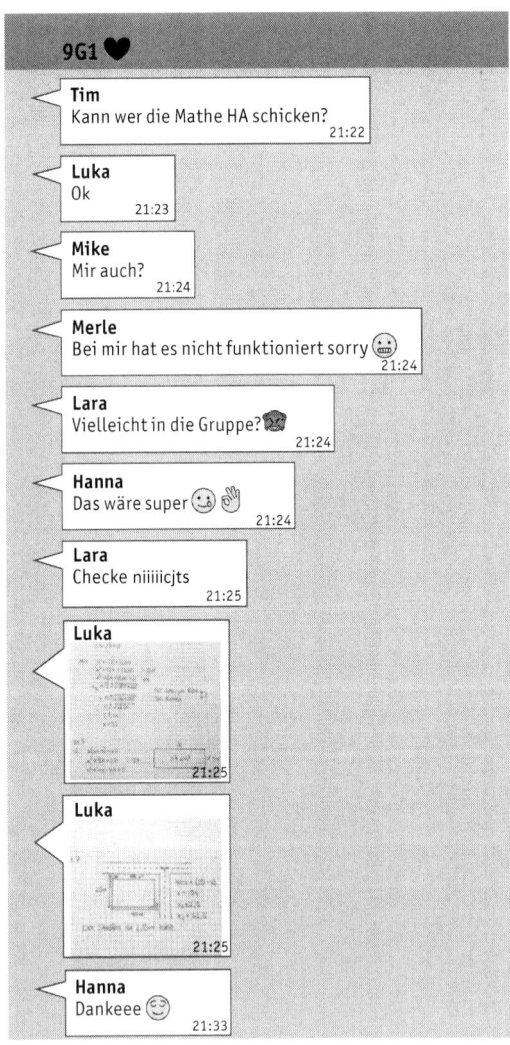

6.2 Hausaufgaben und der Einsatz von digitalen Medien

Eine neunte Gymnasialklasse an einer additiven Gesamtschule nutzt eine WhatsApp-Gruppe, in der alle Mitschüler:innen aufgenommen sind, zum Austausch.[5]

- Wie beurteilen Sie diesen Klassenchat
  - hinsichtlich des Lernens von Mathematik?
  - hinsichtlich der Klassengemeinschaft?
  - hinsichtlich der Kommunikation?
- Wie würden Sie als Elternteil/als Lehrer:in reagieren, wenn Sie diesen Klassenchat mitbekommen würden?

Abends kurz vor halb zehn Uhr fragt der Schüler Tim in die WhatsApp-Gruppe seiner Klasse, ob ihm »wer die Mathe HA schicken« könne. Eine Minute später kommt bereits die positive Antwort von Luka: »Ok«. In den zwei Minuten, die er braucht, um seine Hausaufgabe (also die Lösung aus dem Heft) abzufotografieren und in die Gruppe zu laden, äußern vier weitere Schüler:innen den Wunsch, ebenfalls die Hausaufgabe zu bekommen, und zwei davon begründen dies damit, dass sie es nicht hinbekommen haben (»bei mir hat es nicht funktioniert sorry«) bzw. nichts verstehen (»checke niiiicjts«). Aber da schickt Luka schon die Lösung in zwei Bildern. Acht Minuten später bedankt sich Hanna.

Verschiedenes wird dabei offensichtlich: So haben mehrere Schüler:innen der Klasse am späteren Abend die Mathematikhausaufgaben noch nicht bearbeitet oder sie haben aufgegeben. Gleichzeitig ist das Smartphone präsent, denn innerhalb von drei Minuten beteiligen sich sechs Mitschüler:innen an dem Chat, bitten um die Hausaufgabe oder teilen die Lösung. Das heißt, der Wunsch, die Hausaufgaben in der Schule vorzeigen zu können, ist groß. Dabei

---

5 Die Chats wurden von Studierenden in einem Lehr-Forschungsprojekt gesammelt. Die Beiträge sind wie im Original geschrieben, aber anonymisiert. Die in den Chatbeispielen verwendeten Emojis stammen von OpenMoji, CC BY-SA 4.0: Daniel Utz, Mariella Steeb, Liz Bravo, Julian Grüneberg, Emily Jäger.

kann es sowohl um das Vermeiden von Sanktionen als auch um den Anschein von Zuverlässigkeit/Selbstständigkeit/Fleiß/Leistungsfähigkeit mit vorzeigbaren Lösungen gehen, aber auch darum, den mathematischen Inhalt mit einer Musterlösung besser zu verstehen. Der Schüler Luka, der die Hausaufgaben gemacht hat und auch keinen Zweifel an deren Richtigkeit äußert, ist kooperativ. Er hat keine Probleme, seine Lösung mit denjenigen zu teilen, die Verständnisschwierigkeiten mit der Aufgabenstellung haben oder die sich bislang nicht die Mühe gemacht haben, die Hausaufgaben zu bearbeiten. Er macht seine Hausaufgaben also nicht zu einem Mittel, sich vor der Lehrperson leistungsmäßig von Mitschüler:innen abheben zu können, sondern pflegt die Klassengemeinschaft und die Hilfsbereitschaft untereinander.

Dass das nicht selbstverständlich ist, zeigt der freundliche Kommunikationsstil aller Beteiligten. So wird nach den Hausaufgaben gefragt (sie werden nicht gefordert), es wird sich entschuldigt, es wird betont, wie »super« es wäre, die Lösung zu bekommen und wenigstens eine Schülerin bedankt sich am Schluss. Und auch die Emojis unterstreichen, dass das Zur-Verfügung-Stellen der Hausaufgabe nicht für selbstverständlich genommen wird. Gelegentlich wird die Hilfe auch verweigert. Entweder, indem niemand antwortet, oder wenn auf die Frage »Hat jemand franze« mit einem knappen »Nope«[6] geantwortet wird und damit der Dialog beendet ist. In einem ähnlichen Fall einer anderen Klasse, bei dem auf die Frage in den Gruppenchat »Hat wer die Hausaufgaben?« ebenfalls ein »Nope« einer Mitschülerin folgt, erbarmt sich sechs Stunden später (um 22:00 Uhr) eine andere Mitschülerin und teilt die abfotografierte Seite aus dem Arbeitsbuch mit ihren Lösungen. Sie fügt noch den Kommentar »hingekritzelt« hinzu. Das könnte zum einen als Entschuldigung gedeutet werden, falls die Nutznießer:innen der Hausaufgabe nicht alles

---

6 Nope ist ein anglo-amerikanischer, umgangssprachlicher Ausdruck, der am ehesten als »Nö« oder »Nee« übersetzt wird. Nope ist damit weniger abweisend als Nein und wird in informellen Kontexten und eher humorvoll verwendet.

lesen können. Nicht unwahrscheinlich ist aber auch, dass die Schülerin nicht als Streberin gelten möchte. Indem sie die Hausaufgaben zwar erledigt, aber gleichzeitig gegenüber den Mitschüler:innen zeigt, dass sie den Aufgaben nicht viel Sorgfalt und Zeit gewidmet habe, kann sie die Balance zwischen ›gute Schülerin sein‹ (Image für die Lehrerin) und ›nicht zu viel für die Schule tun‹ (Image unter den Gleichaltrigen) halten.

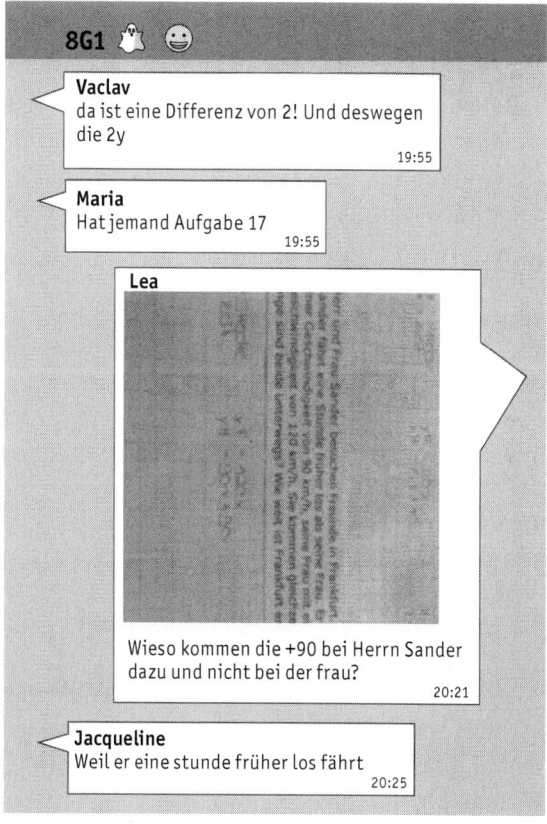

6 Unterstützung und Beteiligung beim Hausaufgabenmachen

Dass Klassenchats nicht nur die Möglichkeit bieten, Hausaufgaben abzuschreiben, sondern auch Fragen zu klären oder Aufgaben zu verstehen, zeigen folgende Beispiele:

Der erste Chat aus einer WhatsApp-Gruppe einer 8. Klasse ist leider nicht vollständig dokumentiert. Es geht in Mathematik um das Lösen von Gleichungen mit einer Unbekannten. Jemand hat offensichtlich nach einer Erklärung zur Lösung gefragt.

Sowohl Vaclav als auch Jacqueline schicken Erklärungen zu den Lösungen. Interessant ist, dass Lea die richtige Lösung im Heft stehen, den Lösungsweg aber nicht vollständig verstanden hat. Möglicherweise hat sie die Lösung auch abgeschrieben (nicht aus diesem Chat, aber vielleicht aus einem privaten Chat mit einer Freundin). Sie möchte es aber tatsächlich auch verstehen und fragt daher nach. Auch hier zeigen sich mehrere Mitschüler:innen kooperativ und erklären – wenn auch sehr knapp – die Lösung. Ob die Kürze der Erklärungen ausreicht, hängt davon ab, ob die Fragesteller:innen ein umfassenderes Problem mit der jeweiligen Aufgabe haben oder nur eine kleineren Aspekt nicht verstanden haben.

Die Grenzen der Unterstützung über den Messenger zeigen sich in folgendem Fall: Miriam schreibt direkt an ihre Freundin, ob sie »das mit der Herstellung von Kupfersulfid« verstanden habe. Es ist davon auszugehen, dass Miriam Verständnisschwierigkeiten hat, die sie gegenüber Leonie offenlegt. Die Freundin antwortet umgehend, dass sie Teile verstanden habe, aber nicht alles. Sie schickt dann ihre Mitschrift aus dem Unterricht als Foto in der Hoffnung, dass das weiterhelfen könne. Miriam aber macht deutlich, dass sie mehr Hilfe bräuchte, weil sie das Thema ganz grundlegend nicht versteht. Darauf folgt keine Antwort mehr. Kurze, gezielte Fragen, wie im Beispiel davor, können im Chat beantwortet werden, aber für Grundlagenwissen und komplexere Erklärungen scheint der Messenger nicht geeignet.

6.2 Hausaufgaben und der Einsatz von digitalen Medien

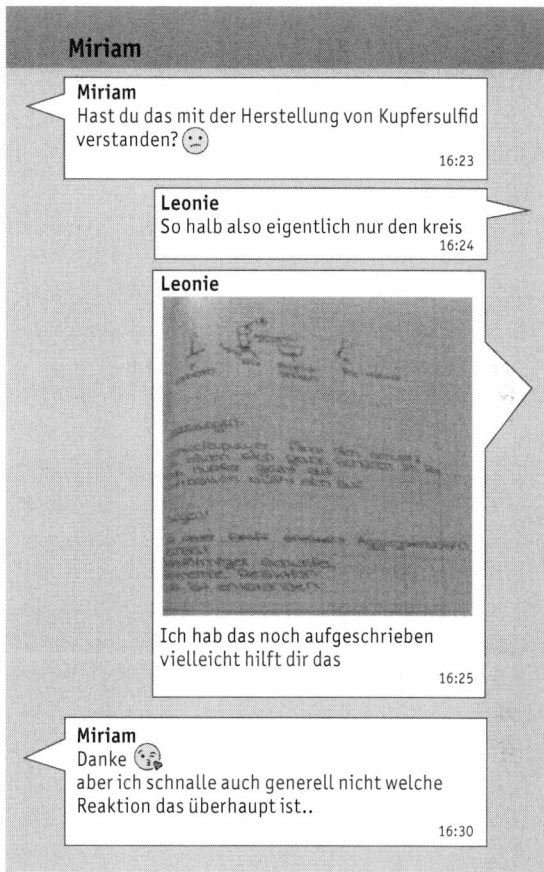

Manche Aufgaben und manche Anfragen legen nahe, dass auch mit vorgegebenen Lösungen durchaus ein Lernzuwachs einhergehen kann, wie folgender Interviewausschnitt mit Schüler:innen aus einer Studie von Kohler und Katenbrink (2023) zum Abschreiben von Hausaufgaben zeigt:

»Ähm, das ist halt so, dass wir ziemlich viel analysieren und interpretieren. Und ich kann mir da halt einfach nicht vorstellen,

> wenn mir jemand einen Text gibt und ich soll sagen, was der Autor sich dabei gedacht hat oder so ... Ich komme einfach gar nicht auf die Dinge. Für mich ist das einfach nur ein Text... und ... also, da schicken sie mir, was sie aufgeschrieben haben, und dann lese ich mir das durch, und dann ... ja ... also teilweise übernehme ich das, aber formuliere das halt um ...«
> Schüler, 15 Jahre (aus: Kohler & Katenbrink, 2023, S. 239)

Zusammenfassend kann man sagen: Viele Klassen richten eine Gruppe bei einem Messenger-Dienst ein und nutzen diese für Fragen zu Hausaufgaben oder für die Bitte, dass Lösungen im Chat geteilt werden. Die Mitschüler:innen zeigen sich oft kooperativ und hilfsbereit. Dabei ist es hilfreich, dass Jugendliche fast permanent online zu sein scheinen. Meist antworten einige sehr prompt und wenn möglich, schicken sie Fotos von ihren Hausaufgaben oder geben kurze Erklärungen. Immer wieder wird auch geteilt, was überhaupt die Hausaufgabe war. Dabei werden sowohl die Klassengruppe genutzt als auch direkte Anfragen an Freund:innen. Viele Chats finden am Abend statt. Hausaufgaben werden also häufig erst abends gemacht oder nachmittags angefangen, unterbrochen und später wird um Hilfe gebeten. Dies dient aber nicht allein einem schnellen Abschreiben, sondern wird auch genutzt, um Anregungen für eine dann anschließend selbst erstellte Hausaufgabe zu bekommen.

In Gruppenchats bekommt die ganze Klasse mit, wer um welche Hausaufgabe zum Abschreiben bittet oder wer Fragen stellt. Damit besteht eine gewisse soziale Kontrolle, wenn jemand sehr häufig diese Unterstützung anfragt. Da niemand direkt angesprochen wird, kann man sich entziehen und muss nicht antworten. Offensichtlich gibt es aber bei den meisten Anfragen jemanden, die oder der darauf reagiert und Hilfe anbietet. Das bedeutet, dass in solchen Klassenchats indirekt immer auch Zugewandtheit, Unterstützungsbereitschaft und -bedürftigkeit sowie Nähe und Distanz zu schulischen Anforderungen offengelegt und verhandelt werden.

6.2 Hausaufgaben und der Einsatz von digitalen Medien

Hausaufgabenportale

Eine weitere digitale Möglichkeit der Unterstützung bei den Hausaufgaben sind Hausaufgabenportale, auf denen jede:r für alle Fächer Hausaufgaben, Referate oder Textinterpretationen hoch- und herunterladen kann. Bei einigen Portalen ist das Herunterladen (insbesondere von längeren Referaten) kostenpflichtig, andere sind kostenlos. Zudem können konkrete Fragen gestellt werden. Eine Qualitätssicherung findet – wenn überhaupt – über Kommentare von Nutzer:innen und durch zusätzliche Antworten auf gestellte Fragen statt.

- Kennen Sie verschiedene Hausaufgabenportale? Schauen Sie sich doch mal Hausaufgabenweb.de, e-hausaufgaben.de oder lerntippsammlung.de an. Was finden Sie gut, was weniger gut an den Portalen?
- Halten Sie die Portale für hilfreich, wenn es um Hausaufgaben, das Lernen auf Klassenarbeiten oder um Referate geht? Sehen Sie eher den Aspekt der Lernunterstützung oder befürchten Sie eher unreflektiertes Abschreiben?

Um den Charakter und die Nutzung von Hausaufgabenportalen zu verstehen, sollen zwei kostenlose Portale für Schüler:innen genauer analysiert werden, und zwar *hausaufgabenweb.de* sowie *e-hausaufgaben.de*. Beginnen wir mit dem Selbstverständnis der Portale. Auf der Startseite von *Hausaufgabenweb.de* steht:

> »Musst Du eine Hausaufgabe erledigen, eine Studienarbeit verfassen, Referate vorbereiten oder einen Aufsatz schreiben, aber Du weißt nicht, wie Du beginnen sollst? Wir von Hausaufgabenweb bieten Dir Hilfe und nehmen Dir die Angst vor diesen Aufträgen. Hierfür versorgen wir Dich mit **umfangreichen Materialien**, die Probleme einfach erklären und das Wissen verständlich vermitteln. Gemeinsam packen wir die Herausforderung an, damit Du

Deinen Notendurchschnitt rasch verbesserst, weniger Zeit mit Hausaufgaben verbringst und Deine Freizeit sorgenfrei genießen kannst.« (https://hausaufgabenweb.de [20.10.2023], Hervorhebung im Original)

Es geht also um Unterstützung mit Materialien, um verständliche Wissensvermittlung und um Problemklärungen. All dies ist ja zunächst die ureigenste Aufgabe der Lehrer:innen; das Portal versteht sich also als eine Ergänzung zu den fachlichen (Er-)Klärungen im Unterricht, wenn diese nicht in ausreichendem Maß oder nicht verständlich genug stattgefunden haben. Oder wenn sich Schüler:innen scheuen, Verständnisfragen direkt an die Lehrer:innen zu richten, um zu vermeiden, als ›schwer von Begriff‹ dazustehen. *Hausaufgabenweb.de* präsentiert sich damit als Unterstützungsmedium beim Lernen und Hausaufgabenmachen, aber nicht als Vorlagenlieferant fürs Abschreiben. Darauf verweist auch das Versprechen, den Notendurchschnitt zu verbessern. Und selbst den Hinweis, man könne mithilfe des Portals weniger Zeit für Hausaufgaben verbringen und eine sorgenfreie Freizeit genießen, muss man nicht als Aufruf zum Schummeln lesen, sondern kann das schnellere Verstehen als Ursache dafür anerkennen. Eine ähnliche Funktion haben Erklärvideos, wie sie in großer Zahl und zu allen Fächern auf YouTube angesehen werden können. Knapp 20 % der Jugendlichen nutzen solche Tutorials täglich oder mehrmals in der Woche (Medienpädagogischer Forschungsverbund Südwest, 2021, S. 48). Sie sind oft sehr gut gemacht (nicht selten von Lehrer:innen) und ergänzen oder ersetzen die Erklärungen zu einem Thema im Unterricht, bieten aber keine Möglichkeit zum Nachfragen. Im Folgenden konzentrieren wir uns daher auf Hausaufgabenportale.

Die Portale leben davon, dass Schüler:innen nicht nur Arbeiten und Hinweise herunterladen, sondern dass auch immer neue Beiträge hochgeladen werden. Zur Motivationssteigerung lässt *Hausaufgabenweb.de* die Nutzer:innen Folgendes wissen:

6.2 Hausaufgaben und der Einsatz von digitalen Medien

»Sofern wir sie [deine Arbeit] mit Deinem Namen veröffentlichen dürfen, gewährleisten wir Dir, dass potenzielle Arbeitgeber bei einer Google-Suche auf Deinen Beitrag stoßen. Somit **steigerst** Du bereits heute **Deine Chancen auf dem Arbeitsmarkt** von morgen!«
(https://hausaufgabenweb.de/ [20.10.2023], Hervorhebung im Original)

Kinder und Jugendliche werden also nicht nur auf die Anforderungen der Schule verwiesen, sondern auch bereits auf den künftigen Arbeitsmarkt, wo sie sich schon während ihrer Schulzeit einen Konkurrenzvorteil verschaffen sollen. Das Portal *e-hausaufgaben.de* bietet sogar eine Praktikums- und Ausbildungsstellenbörse auf ihrer Seite an und gibt Hinweise für die Zeit nach der Schule. Es hat also noch weiterreichende Funktionen. Ihre Selbstdarstellung auf der Startseite lautet:

»(...) Wir lieben Hausaufgaben und Referate ;-) Neben unserem großen Archiv an kostenfreien Facharbeiten, Interpretationen, Erörterungen und und und haben wir ein umfangreiches Forum, wo du binnen Minuten Hilfe zu allen schulischen und nicht schulischen Themen findest. Du suchst eine Vorlage für ein Referat? Du kommst bei einer Analyse oder Matheaufgabe nicht weiter? Wir helfen dir gerne dabei, deinen schulischen Erfolg und deine Noten zu verbessern und **endlich mehr Zeit für deine Freunde und Hobbies** zu haben! (...)«
(https://e-hausaufgaben.de/ [20.10.2023], Hervorhebung im Original)

Zu unterscheiden sind dabei die Funktionen »Musterlösungen« und »Referate« einerseits, die als beispielgebend verstanden werden, und »Frage stellen« andererseits, die als Forum funktioniert, bei dem Nutzer:innen – »Experten«, wie es auf der Homepage heißt – auf konkrete Fragen antworten. »Beispiele«, »Musterlösungen«, »Archiv an kostenfreien Facharbeiten, Interpretationen, Erörterungen und

und und« – all das klingt deutlich offensiver als bei *Hausaufgabenweb.de* nach der Möglichkeit direkter Übernahme, wenn man denn das Gesuchte findet. Ganz anders ausgerichtet ist aber das Forum, in dem konkrete Fragen gestellt werden können. Exemplarisch sollen zwei Fragen näher angeschaut werden:
Die Überschrift der Frage von *Teacher17*[7] vom 07.02.2023 lautet: »Dürrenmatt – Der Besuch der alten Dame: Analyse gesucht«[8]. Die Frage lautet dann präziser: »Hallo, kann mit eine helfen eine Drama Analyse zu schreiben von dem der Besuch der alten Dame Seite 68–72«. Nur vier Minuten später antwortet *matata*[9]:

> »Wie stellst du dir diese Hilfe vor? Was verstehst du nicht vom Stück oder von der Aufgabe? Die Seitenangaben sind nicht sehr hilfreich für die freiwilligen Helfer oder Helferinnen.
> Jede Ausgabe dieses Stückes von Dürrenmatt hat ein anderes Format oder ein anderes Layout. Deshalb stimmen die Seitenzahlen nicht überein und sind nicht vergleichbar...
> Das Stück ist in Akte unterteilt. In welchem Akt kommt die Textstelle vor?
> Hier findest du den vollständigen Text
> *https://www.kostenlosonlinelesen.net/kostenlose-der-besuch-der-alten-dame-german-edition*«.

---

7 Interessant ist der selbstgewählte Name des Nutzers bzw. der Nutzerin, der: die sich als »Teacher« vorstellt und damit einen Rollenwechsel in Anspruch nimmt.

8 https://e-hausaufgaben.de/Thema-218097-Duerrenmatt-Der-Besuch-der-alten-Dame-Analyse-gesucht.php [20.10.2023].

9 Auch dieser Name weckt Assoziationen. »Matata« (Swahili) heißt übersetzt Probleme, Schwierigkeiten, Sorgen. Bekannt ist der Spruch »Hakuna Matata« aus »König der Löwen«, was etwa mit »Mach dir keine Sorgen« übersetzt wird. Dem Profil der Nutzerin »matata« ist zu entnehmen, dass sie 75 Jahre alt und seit 2005 im Portal aktiv ist und bereits fast 40.000 Beiträge verfasst hat. Sie gehört zum Stammteam des Portals und versteht sich also als jemand, die Hausaufgabensorgen vertreiben kann.

(https://e-hausaufgaben.de/Thema-218097-Duerrenmatt-Der-Besuch-der-alten-Dame-Analyse-gesucht.php [20.10.2023])

Sie stellt also zwei Rückfragen: Zum einen, was genau der:die Fragesteller:in als Hilfe möchte, und zum anderen, welche Textstelle genau gemeint ist. Außerdem klärt sie über die Struktur von Dramen auf, die in »Akte« gegliedert seien. Als Hilfe verweist sie auf eine kostenlose Textfassung im Internet. *Teacher17* antwortet wiederum prompt, dass er den Dialog zwischen dem Bürgermeister und Ill nicht verstehe, er aber eine Dramaanalyse schreiben müsse. Nachdem *matata* ihn nun auffordert, die Textstelle in das Antwortfeld zu kopieren, da es mehrere Dialoge zwischen den beiden Männern gebe, macht *Teacher17* genau das, was *matata* mit »Jetzt kann man arbeiten....« kommentiert. Sie kopiert fünf Links in die Antwort, die zu Anleitungen zur Szenenanalyse allgemein und auf Analysen des Dürrenmattstückes insgesamt sowie auf die Szene zwischen Bürgermeister und Ill hinführen. *Teacher17* hat nun einiges zu tun, diese Internetseiten zu lesen und eine Analyse zu formulieren, hat aber den Service bekommen, diese Seiten nicht erst recherchieren zu müssen. Er schreibt gut 20 Minuten später: »Kann das wer für mich schreiben?« Die Ablehnung von *matata* ist eindeutig: »Hier schreibt niemand für dich eine Arbeit. Wir bieten dir Hilfe bei der Materialsuche und bei der Korrektur der Rechtschreibung und Grammatik. Für den Inhalt bist du selber verantwortlich.«[10]

Unterhalb dieses Dialogs erfährt man noch, dass es auf dem Portal 799 ähnliche Fragen (zum Drama »Besuch der alten Dame«, zu Dürrenmatt oder zu Textanalysen) und 539 passende Dokumente (Klassenarbeiten zum Drama, Referate, Interpretationen) gebe. Der Besuch der alten Dame ist also im schulischen Kontext ausführlich gelesen, analysiert, auseinandergenommen und in Referate und Interpretationen gegossen. Allerdings kann diese Fülle an Hilfsmaterial auch überfordern. So scheint es *Teacher17* zu gehen. Das Fragenforum, das

---

10 https://e-hausaufgaben.de/Thema-218097-Duerrenmatt-Der-Besuch-der-alten-Dame-Analyse-gesucht.php [20.10.2023].

von sehr erfahrenen »Lehrenden« (vielleicht ist *matata* eine ehemalige Lehrerin?) moderiert wird, kommt einer direkten Nachhilfe nahe, weil ganz individuelle Fragen beantwortet werden, setzt aber gleichzeitig auf sehr viel Selbstständigkeit der nutzenden Schüler:innen. Die Erwartung der Schüler:innen ist offensichtlich häufig, eine Lösung für die zu bearbeitende Fragestellung zu bekommen. Gerade *matata* fordert den:die Fragesteller:innen aber immer wieder auf, erst einmal selbst zu recherchieren oder eine konkrete Frage zu stellen, was man nicht verstanden habe, z. B.:

> »Frage: Erläutere den Zusammenhang von Struktur und Funktion am Beispiel der Linse. Gehe dabei auch auf die Akkommodation ein«.
> Antwort von matata: »Dann mach das.... Du kannst nicht einfach deine Aufgaben hier abliefern und nach einer Weile die Lösung abholen. Warum kannst du diese Aufgabe nicht selber lösen? Was verstehst du nicht?«
> (https://e-hausaufgaben.de/Thema-217690-Vom-Reiz-zur-Wahrnehmung-Der-Sehvorgang.php [20.10.2023])

Doch es werden auch direktere Antworten geliefert. *Ihc* fragt am 23.01.2023:

> »Hallo, ich muss ein Referat in Englisch über eine Stadt im Englischsprachigen raum halten. Es muss beinhalten:
>
> • Geographie (Lage)
> • Bevölkerung (Struktur, Anzahl usw.)
> • Sehenswürdigkeiten
>
> Hat zufällig jemand einen Tipp wo ich eines her bekomme das ich natürlich Überarbeite. Vielen Dannk im Vorrauss«.
> (https://e-hausaufgaben.de/Thema-218072-Referat-Ueber-eine-Stadt.php [20.10.2023])

6.2 Hausaufgaben und der Einsatz von digitalen Medien

sNaKeTheHunteR8 antwortet eine Stunde später:

> »Eine gute Möglichkeit, um Informationen über eine Stadt im englischsprachigen Raum zu sammeln, ist die Verwendung von Online-Quellen wie Wikipedia, Reiseführern und Regierungswebsites. Du kannst auch versuchen, Bücher über die Stadt in der Bibliothek oder im Buchladen zu finden. Einige spezifische Vorschläge für Städte im englischsprachigen Raum sind: (...)«.
> (https://e-hausaufgaben.de/Thema-218072-Referat-Ueber-eine-Stadt.php [20.10.2023])

Er schlägt London, Sydney und New York mit einigen wenigen Hinweisen vor. Während *Ratgeber* den Rat gibt »... und vor allem die gefundenen Internetquellen nicht 1:1 kopieren, denn Lehrer:innen können auch googeln... Also umformulieren!«[11], stellt *Bulgarien2023* zweieinhalb Wochen später einen kurzen englischen Text über Sydney ein.

Fazit: Schüler:innen nutzen Hausaufgabenportale sowohl, um fertige Lösungen, die sie direkt übernehmen können, als auch, um Musterlösungen zu finden, die sie umformulieren oder adaptieren. Eine weitere Möglichkeit – zumindest bei *e-hausaufgaben.de* – ist die, direkte Fragen zu stellen. Hilfen bei der Hausaufgabenbearbeitung werden über Lösungsansätze und Hinweise bis zu fertigen Lösungen gewährt. Allerdings wird nicht durchgehend direkt geantwortet, vielmehr lässt eine Lösung manchmal auch mehrere Wochen auf sich warten.

Wie oft im Internet oder bei der digitalen Kommunikation wird wenig Wert auf Rechtschreibung und korrekte Grammatik bei den Anfragen gestellt. Dies wird aber selten moniert. Häufiger werden die Schüler:innen allerdings – bisweilen mit moralischem Zeigefinger – darauf hingewiesen, dass es nicht darum gehe, fertige Antworten zu liefern, sondern Hilfen zum Selberlösen zu geben. Diese bestehen oft

---

11 https://e-hausaufgaben.de/Thema-218072-Referat-Ueber-eine-Stadt.php [20.10.2023].

aus Links zu einschlägigen Internetseiten mit Erklärungen oder Ergebnissen. Für manche Fragen oder Aufgaben, etwa zu Interpretationen von Lektüren, die häufig in der Schule gelesen werden, gibt es jedoch dermaßen viele Dokumente und Internetseiten, dass dies schnell zur Überforderung führen kann.

Die Frage, ob es sinnvoll ist, Hausaufgabenportale zu nutzen, wird auch im Internet mit verschiedenen Pro- und Kontraargumenten diskutiert.[12] Dafür spreche, dass es das gleiche sei wie Nachhilfe oder Elternunterstützung, nur dass es nichts koste und daher mehr Chancengerechtigkeit biete. Außerdem gebe es viele inhaltliche Hilfen und Anregungen, mit denen man weiterarbeiten könne. Wer Hausaufgaben insgesamt für nutzlos und für Zeitverschwendung ansieht, führt die Zeitersparnis bei abgeschriebenen Hausaufgaben ins Feld, für die man nun nicht mehr Klassenkamerad:innen behelligen müsse (siehe auch ▶ Kap. 6.3). Allerdings, und das sind die Kontraargumente, gebe es keine Qualitätskontrolle – jede:r könne Antworten und Referate ins Netz stellen, ohne dass gesichert sei, dass eine Lösung richtig und gut ist. Und zu guter Letzt wird immer wieder die Frage nach dem Lernnutzen und der Selbstständigkeit bei den Hausaufgaben ins Feld geführt. Wir würden sagen, dass man hier nicht moralisch werten sollte, denn auch eine übernommene Lösung kann Lernen in Gang setzen – mehr jedenfalls als eine gar nicht gemachte Hausaufgabe. Zudem: Nicht jede Hausaufgabe ist wirklich sinnvoll und manchmal haben Freundesbeziehungen und Freizeit einfach auch mal Priorität.

Künstliche Intelligenz

Seit Kurzem macht die Möglichkeit Schlagzeilen, mit Programmen, die Künstliche Intelligenz (KI) einsetzen (etwa ChatGPT oder DeepL), Referate, Übersetzungen, Textinterpretationen und vieles mehr direkt im Internet schreiben zu lassen. In der Tat produziert ChatGPT

---

12 Z.B. https://www.gutefrage.net/frage/warum-sind-hausaufgaben-portale-sinnvoll--nicht-sinnvoll [20.10.2023].

6.2 Hausaufgaben und der Einsatz von digitalen Medien

gut lesbare Texte, insbesondere bei Standardanfragen. Im Hinblick auf die Anfrage oben nach einer Analyse des Gesprächs zwischen dem Bürgermeister und Ill im Drama »Der Besuch der alten Dame« von Dürrenmatt brauchte es allerdings eine Reihe von Versuchen unsererseits, bis ChatGPT die richtige Szene bearbeitet und folgenden Text (leicht gekürzt) geschrieben hat:

> Die Szene, in der Alfred Ill die Veränderungen am Bürgermeister bemerkt und um Schutz bei der Behörde bittet, während eine neue Schreibmaschine geliefert wird, enthüllt das Thema der Korruption in Friedrich Dürrenmatts ›Besuch der alten Dame‹. Ill, ein Einwohner von Güllen, wird in dieser Szene von Angst und Unsicherheit geplagt, während er versucht, sich gegen die Machenschaften von Claire Zachanassian, der reichen Besucherin der Stadt, zur Wehr zu setzen.
>
> Als Ill die neuen Accessoires des Bürgermeisters bemerkt, versteht er, dass der Bürgermeister von der Aussicht auf Claires Geld beeinflusst wird. Er erkennt, dass er keine Chance hat, gegen ihre Macht und ihre Pläne anzukämpfen, ohne Unterstützung von den Behörden zu erhalten. Aber der Bürgermeister zeigt kein Verständnis für Ills Lage und behauptet, dass humanistische Werte die Stadtregierung leiten, während er gleichzeitig die Lieferung einer neuen Schreibmaschine annimmt.
>
> Die Szene zeigt, dass die Macht von Geld und Korruption selbst in einer Gesellschaft, die von humanistischen Werten geprägt ist, tief verwurzelt sein kann. Der Bürgermeister, der sich auf moralische Prinzipien beruft, scheint seine Überzeugungen aufzugeben, um von Claires Geld zu profitieren. (...)
>
> Insgesamt ist die Szene eine Kritik an der Macht des Geldes und der Korruption in der Gesellschaft sowie an der Fähigkeit von Menschen, ihre moralischen Überzeugungen aufzugeben, um von finanziellen Vorteilen zu profitieren.

Diesen Text könnte man sicherlich als Hausaufgabe präsentieren, ohne dass man Gefahr liefe, das Thema völlig verfehlt zu haben.

6 Unterstützung und Beteiligung beim Hausaufgabenmachen

Während die Antworten im Hausaufgabenportal noch viel Eigenarbeit verlangen, wird hier ein fertiger Text produziert, sprachlich durchaus gewandt – für eine Hausaufgabe vielleicht fast zu elaboriert. Ob die Interpretation den Ansprüchen der Lehrperson, die die Hausaufgabe gestellt hat, genügen würde, sei dahingestellt. Fakt ist aber, dass sich die Schule darauf einstellen muss, dass künstliche Intelligenz künftig immer besser Texte produziert und übersetzt, wodurch die Unterscheidung, was kommt von dem:der Schüler:in und was von der KI, immer schwieriger wird. Es mehren sich jedoch die Stimmen, dass es keinen Sinn ergebe, dagegen anzukämpfen, sondern KI fürs Lernen offensiv zu nutzen und gleichzeitig seine Grenzen zu erkennen (Pölert, 2023). So setzen Lehrer:innen die Möglichkeiten kreativ ein, wie ein Beitrag auf *tagesschau.de* vom 30.01.2023 berichtet:

> »Der Chatbot schreibt eine Rede, die Schülerinnen und Schüler sollen sie analysieren. ›Das Erziehungsziel ist, dass die Schüler kritisch, aber konstruktiv damit umgehen‹, erklärt [die Lehrerin] Reißer-Mahla. In einem zweiten Schritt soll die Klasse die Rede anpassen, indem sie sie mit historischem Hintergrundwissen anreichert. Für die Schüler gibt es einiges zu tun: Viele Passagen der KI-Rede wirkten austauschbar, fassen die Schülerinnen und Schüler des Geschichts-Leistungskurses zusammen.«
> (https://www.tagesschau.de/wissen/technologie/chatgpt-schulen-hausaufgaben-101.html [20.10.2023])

Möglicherweise wird KI das Lernen in der Schule sowie Hausaufgaben in den kommenden Jahren grundlegend verändern. Aber auch jetzt schon gibt es über das Internet und mittels Messengerdiensten vielfältige Möglichkeiten, Informationen für Hausaufgaben zu beschaffen, Musterlösungen herunterzuladen, Erklärvideos einzusetzen und Fragen zu stellen bzw. Hilfen zu bekommen. Diese werden sowohl für die Unterstützung des Lernens als auch für eine direkte Übernahme von Texten und Aufgabenlösungen, also zum Abschreiben, genutzt. Letzteres geschieht auch klassisch ganz analog – dem sei das folgende Kapitel gewidmet.

6.3 Hausaufgaben abschreiben

> Frau Winter nimmt den Arm mit dem Folienstift zur Seite. »Darf ich mal eine Vermutung aufstellen?«, fragt sie und fährt direkt fort: »Sie haben das im Internet nachgeschaut.« – »Nein, ich habe das bei Stella nachgeschaut«, antwortet Viktor trocken. Der Kurs lacht, [...] Frau Winter schmunzelt ebenfalls. »Okay«, sagt sie und dann, dass sie Stella direkt drannehme.
> Deutsch Stufe 11, Gesamtschule (aus: Fuhrmann, 2022, S. 192)

Viktor konnte das Ergebnis der Hausaufgabe, das Reimschema für ein Gedicht zu benennen, bei der Besprechung zwar mit »Kreuzreim« richtig angeben, die konkrete Anwendung gelingt ihm aber nicht. Es gibt also eine richtige Lösung, aber Viktor scheint den Lehrstoff dennoch nicht vollständig verstanden zu haben. Die Lehrerin geht daher davon aus, dass er das Internet zu Hilfe genommen hat (▶ Kap. 6.2), was mit dem Begriff des »Nachschauens« als legitim gerahmt wird. Viktor nennt daraufhin die Mitschülerin Stella als Quelle der richtigen Antwort. Dass die Klasse einschließlich der Lehrerin lacht oder schmunzelt, weist darauf hin, dass diese Offenheit ungewöhnlich ist. Schien das Nachschauen im Internet gerade noch legitim, wird das Abschreiben von einer:einem Mitschüler:in meist verheimlicht, da es von Lehrer:innen oft als Regelverletzung ausgewiesen und sanktioniert wird. Dabei schreibt eine nicht unerhebliche Zahl von Schüler:innen Hausaufgaben häufig oder (fast) immer ab und nur ein gutes Drittel der Schüler:innen findet Abschreiben grundsätzlich nicht in Ordnung (Kohler & Katenbrink, 2023, S. 235 f.). Bei eigenen Beobachtungen im Kontext eines anderen Forschungsprojektes zeigte sich, dass nahezu in jeder Pause einige Schüler:innen mit dem Abschreiben oder Nachholen von Hausaufgaben beschäftigt sind. Es lohnt sich also, sich mit diesem Phänomen zu befassen.

Vom Abschreiben war schon im letzten Teilkapitel 6.2 die Rede. Hier sollen noch weitere Aspekte des Abschreibens von Hausaufgaben beleuchtet werden: Zum einen geht es um die (sozialen) Bedingungen des Abschreibenlassens. Denn Abschreiben ist ja davon abhängig, dass Mitschüler:innen die Hausaufgabe gemacht haben und bereit sind, sie zum Abschreiben zur Verfügung zu stellen. Der zweite Aspekt dreht sich um die Funktionalität des Abschreibens für die Lehrer:innen (!). Damit soll die Perspektive weg von Regelverletzung und dem Vorwurf, die Abschreibenden würden nichts dabei lernen, hin zum Nutzen des Abschreibens gelenkt werden (vgl. auch Kohler & Katenbrink, 2023, S. 237 ff.).

Abschreiben lassen

Nochmal zurück zur obigen Szene mit dem Schüler Viktor: Seine Mitschülerin Stella war offensichtlich kooperativ, sie ließ Viktor abschreiben, wenn es auch nur ein Wort war. Sie ging damit aber selbst ein Risiko ein, wie sich in der Szene zeigt. Dadurch, dass Viktor ihren Namen nennt, riskiert sie selbst Sanktionen. Und tatsächlich kündigt die Lehrerin an, sie als nächstes dranzunehmen. Dabei könnte sich herausstellen, dass auch Stella die Aufgabe nicht zur Zufriedenheit der Lehrerin bearbeiten kann und damit keinen guten Eindruck hinterlässt. Die Kompliz:innenschaft bei der Täuschung stellt für beide Beteiligten also ein Risiko dar. Mit einem solchen Risiko beim Abschreiben sehen sich auch Marina und Till konfrontiert:

> Die Hausaufgabe wird von der Lehrerin in einem Rundgang entlang der Bankreihen kontrolliert. An den Sitzplätzen der Schüler:innen lässt sich die Lehrerin die Hausaufgaben geben, sodass deren Vorliegen geprüft sowie gleichzeitig inhaltlich Einsicht genommen wird. Bei der Schülerin Marina hat die Lehrerin die Hausaufgabe bereits kontrolliert, nun setzt Frau Winter ihre Kontrolle in der hinteren Reihe fort. Marina wendet sich zu der Bankreihe hinter ihr um, wirft einen Blick auf Frau Winter, die am anderen Ende der Reihe steht, und beugt sich dann nach vorne, um auf das Blatt von Till zu tippen. »Sag, dass wir das zusammen gemacht haben«, raunt sie drängend. »Ich hab's umgeschrieben«, erwidert er leise. Marina

6.3 Hausaufgaben abschreiben

nickt kurz, dreht sich wieder nach vorne und wendet sich ihrem Arbeitsblatt zu. Als Frau Winter die Hausaufgabe von Till fordert, knufft Leona Marina in die Seite. Frau Winter liest, stoppt dann und beugt sich zu Till hinunter. Sie sagt ihm, dass der Satz nicht korrekt sei. Kurz erklärt sie etwas zum Sturm und Drang, Till nickt. Dann wendet sich Frau Winter wieder dem Blatt zu und liest zu Ende. Sie nickt und legt es zurück auf den Tisch.
Deutsch Stufe 11, Gesamtschule (aus: Fuhrmann, 2022, S. 194)

- Welches Risiko geht Marina und welches Till ein? Warum fordert Marina Till auf, der Lehrerin zu sagen, »dass wir das zusammen gemacht haben«?
- Was würde geschehen, wenn Marina ihre Hausaufgabe Till nicht zur Verfügung gestellt hätte?
- Was unterscheidet »Umschreiben« von »Abschreiben« und inwiefern ist beides unterschiedlich zu bewerten?
- Was würden Sie als Lehrer:in tun, wenn Ihnen auffiele, dass der Text von Till dem von Marina sehr ähnlich ist?

Die Lehrerin kontrolliert nicht nur, ob die Hausaufgaben vorhanden sind, sondern sie liest sich auch die Ergebnisse durch. Als sie außer Hörweite ist, dreht sich Marina zu Till um. Offensichtlich hat sie ihm ihre Hausaufgaben zum Abschreiben zur Verfügung gestellt und fordert ihn nun auf, bei Bedarf zu behaupten, sie beide hätten die Hausaufgaben zusammen bearbeitet. Würde die Lehrerin bemerken, dass ihre Texte identisch sind, droht vielleicht die Aufforderung zuzugeben, wer von wem abgeschrieben habe, oder auch eine Sanktionierung beider Kompliz:innen des ›Betrugs‹. Während Marina dem potenziellen Vorwurf mit der Behauptung einer legitimen Kooperation begegnen möchte, hat Till insofern dem Aufdecken des Abschreibens entgegengewirkt, dass er den Text nicht wörtlich übernommen, sondern »umgeschrieben« hat. Damit macht er aus der Vorlage etwas Eigenes und entlastet somit nicht nur sich, sondern auch die Vorlagengeberin.

Dennoch scheint in der Situation, als die Lehrerin Tills Hausaufgabe durchliest, Spannung zu liegen: Fällt der Lehrerin die Ähnlichkeit auf oder ist der Wortlaut genug abgeändert? Auch Marinas Tischnachbarin Leona ist nun unauffällig beteiligt, wenn sie Marina anstößt, als wolle sie sagen: ›Mal schauen, ob eure Täuschung funktioniert.‹ Die Lehrerin äußert sich nicht hinsichtlich des Abschreibens (was nicht zwingend bedeutet, dass es ihr tatsächlich nicht aufgefallen ist – dazu gleich mehr), sodass die drei Schüler:innen entlastet sind. Sie haben erfolgreich als Kompliz:innen zusammengearbeitet, dass die zunächst nicht gemachte Hausaufgabe nachgeholt und das Geheimnis bewahrt werden konnte. Man kann davon ausgehen, dass dies die soziale Beziehung der Schüler:innen stärkt. Im Sinne des Schüler[:innen]jobs (Breidenstein, 2006) gelingt es den Dreien, der formalen Ordnung des Unterrichts durch das Vorzeigen der Hausaufgaben zu genügen und sich gleichzeitig über die gemeinsam hervorgebrachte Täuschung und das erfolgreiche Vertuschen von allzu großer schulischer Angepasstheit zu distanzieren. Peerkultur einerseits und die Anerkennung schulischer Anforderungen werden geschickt miteinander ausbalanciert (auch: Katenbrink, 2014).

Der potenzielle Betrugsvorwurf, der immer wieder mit dem Abschreiben und Abschreibenlassen verbunden wird, wird mit Verweis auf die Beziehungsebene von Schüler:innen, aber auch auf gesellschaftliche Normen von Kohler, Merk und Zengerle (2013) relativiert. Denn wenn ein:e Schüler:in einem:einer anderen die Hausaufgaben zur Verfügung stellt oder sogar den Lösungsweg erklärt, möchte er:sie ihm:ihr vielleicht unangenehme Konsequenzen ersparen und beweist Sozialkompetenz. Und Lernende, die ihre Aufgaben aufteilen und sich dann gegenseitig zur Verfügung stellen, tun genau das, was in einer auf Arbeitsteilung und Ökonomisierung basierenden Gesellschaft gewünscht wird: »Sie finden einen relativ konfliktfreien Weg, um unterschiedliche Bedürfnisse im Anbetracht überhöhter Anforderungen in Balance zu bringen, und erleben sich als geschickt handelndes Team« (ebd., S. 19).

Allerdings ist gerade nicht selbstverständlich, dass sich im Abschreibenlassen Peerkultur, soziale Kompetenz, Freundschaften oder

6.3 Hausaufgaben abschreiben

Klassenzusammenhalt zeigen, worauf die folgende Beobachtung verweist:

> Auch in der zweiten Pause sitzen mehrere Schüler:innen (wenn ich genau schaue, ist es wohl etwa die halbe Klasse) an ihren Plätzen und machen Hausaufgaben. Einige schreiben sie von jemandem ab, andere erledigen sie selbstständig. (...) Ein Schüler bedankt sich bei Mike, dass er abschreiben durfte. Ein Mädchen fragt ihn, warum er alle immer abschreiben lasse.
> 7. Klasse, Gymnasium

Zumindest ein Dank scheint angebracht und ein Mädchen stellt die Selbstverständlichkeit, mit der Mike offensichtlich *alle* und *immer* an seinen Hausaufgaben partizipieren lasse, durchaus in Frage. So ist ja auch das Gegenteil möglich, nämlich die Verweigerung, fertig bearbeitete Aufgaben zum Abschreiben zur Verfügung zu stellen. Dies kann von der:dem Bittsteller:in als deutliche Ausgrenzung erlebt werden und Beziehungen belasten (vgl. auch Ricardos Anfrage, Einsicht in die Hausaufgabe seiner Mitschüler:innen nehmen zu dürfen, ▶ Kap. 9.1). Abschreiben oder auch Informationsweitergabe in Hausaufgabensituationen wird für Schüler:innen damit auch zu einem Element, um das Verhältnis zu Mitschüler:innen zu gestalten und der Qualität von Beziehungen Ausdruck zu verleihen (Fuhrmann, 2023a, S. 88; Kohler & Katenbrink, 2023, S. 243). Krappmann und Oswald (1995, S. 154) stellen im Zusammenhang mit gegenseitiger Hilfe im Unterricht fest, »dass in erstaunlich vielen Fällen Hilfe verweigert, erbetene Hilfe zu einer asymmetrischen Gestaltung der Beziehung ausgenutzt wird und Kooperation misslingt«.

Auch wenn es im folgenden Fall aus Breidenstein (2006) nicht um Hausaufgaben im engeren Sinn, sondern um Wochenplanarbeit geht, ist die Situation vergleichbar:

> Simon geht zu Arvid, will sich bei der Aufgabe (...) helfen lassen, die Arvid in der letzten Freiarbeitsstunde gemacht hat. So, wie es für mich erscheint, möchte Simon die Lösung von Arvid abschreiben.

> Dieser sträubt sich, sagt zu Simon: »Da musst du schon ein bisschen rätseln.« Simon zieht wieder ab. Arvid dies kommentierend zu Robert: »So einfach geht das.«
> (aus: Breidenstein, 2006, S. 196)

Breidenstein analysiert diese Szene, indem er zunächst fragt, ob es im Rahmen der Peer-Kultur eine moralische Verpflichtung gebe, abschreiben zu lassen. Zumindest ist es gar nicht leicht, ein Hilfegesuch zurückzuweisen, es muss schon gute Gründe dafür geben. Die gibt Arvid vor, indem er – ganz im Sinne der schulischen Position – Simon auffordert, sich selbst anzustrengen und nachzudenken. Dass er nicht ernsthaft die schulische Norm vertritt, sondern dies strategisch sagt, zeigt der Nachsatz zu Robert: So einfach wird man ungebetene Hilfsgesuche los (ebd., S. 196 f.). Damit wird die gute Beziehung zwischen Arvid und Robert gefestigt, die Zurückweisung von Simon verweist eher auf einen weniger freundschaftlichen Kontakt.

Und eine von Kohler und Katenbrink (2023) interviewte 16-jährige Schülerin fasst den Zusammenhang von Abschreibenlassen und Beziehung folgendermaßen zusammen:

> »Es kommt darauf an, wer das ist, enge Freundinnen, wenn ich weiß, von denen kann ich auch mal, die lass ich natürlich mal abschreiben. Leute, die mich nicht gut kennen, die trauen sich das gar nicht. Es ist schon klar, dass ich das nicht so gern mach ... Man hilft sich halt aus, es ist ja ein Geben und Nehmen«.
> (aus: Kohler & Katenbrink, 2023, S. 243)

Außer, dass sich Abschreiben (lassen) und Zusammenhalt gegenseitig bedingen, wird in den letzten beiden Fällen noch etwas anderes deutlich: Die Zurückhaltung, Hausaufgaben zum Abschreiben zur Verfügung zu stellen, oder sogar die Zurückweisung von Hilfsgesuchen kann mehrere Gründe haben. Dazu zählen soziale Distanz(nahme) zur konkreten Person, nicht beteiligt sein wollen an einer Täuschung oder das Risiko scheuen, selbst von der Lehrperson sanktioniert zu werden. Aber auch und das kam bislang noch nicht zur Sprache: Schulische Leistung – und dazu gehören ganz sicher auch Hausaufgaben (Fuhrmann, 2022, S. 243 ff.) – wird oftmals im sozialen Vergleich innerhalb einer Schulklasse erfasst, sodass die erbrachten Leistungen untereinander konkurrieren. Die durch eigene Anstrengung und Disziplin erbrachte Leistung einer Hausaufgabe wird entwertet, wenn andere mit weniger Aufwand die gleiche Hausaufgabe vorweisen können. Wie soll man sich da positiv von den anderen absetzen? Die in Schule verbreitete soziale Bezugsnorm hinsichtlich Leistungen kann die Hilfsbereitschaft der Schüler:innen unterlaufen.

Zur Bedeutung des Abschreibens für Lehrer:innen

Die Lehrerin schmunzelt, als Viktor im ersten Fall dieses Kapitels unverhohlen zugibt, von Stella abgeschrieben zu haben. In ihrer Reaktion wendet sie den auf dem Schüler liegenden Verdacht, eine eigenständig erarbeitete Hausaufgabe vorgetäuscht zu haben, in eine gemeinsam geteilte Belustigung. Mit dem Verzicht, dem Abschreiben auf moralisierender oder persönlicher Ebene zu begegnen, erliegen weder sie noch der Schüler dem Risiko, ihr Gesicht zu verlieren, stattdessen entwickelt das Verdachtsmoment einen gemeinschaftsstiftenden Charakter (Fuhrmann, 2022, S. 194). Auch die Lehrerin kann also zumindest punktuell Teil der Gemeinschaft werden und das setzt sie nicht aufs Spiel durch eine Sanktionierung des Schülers. Und vielleicht hat auch die Lehrerin im zweiten Fall oben durchaus gemerkt, dass die Texte von Marina und Till sehr ähnlich sind, hat es aber nicht aufgedeckt. Es stellt sich also die Frage, inwiefern auch die Lehrer:innen etwas davon haben, nicht so genau hinzuschauen oder abgeschriebene Hausaufgaben mit Humor und Gelassenheit zu nehmen.

Ein 13-jähriger Schüler kommentiert im Interview in der Studie von Kohler und Katenbrink (2023) die ungenauen Hausaufgabenkontrollen und die vermeintliche »Blauäugigkeit« – oder auch »Gutgläubigkeit«, wie es ein anderer Schüler ausdrückt – seiner

6 Unterstützung und Beteiligung beim Hausaufgabenmachen

Englischlehrerin, als er behauptet hat, einen Teil der Hausaufgaben, nämlich Vokabeln zu lernen, gemacht zu haben:

> »Sie hat einfach keinen Bock, so viele Striche zu geben und denen dann hinterherzulaufen, dass die dann in der nächsten Stunde die vorzeigen müssen und so, weil ... ähm ja bei fünf Strichen muss man dann nachsitzen und ich glaub, das ist ihr einfach zu blöd«.
> (aus: Kohler & Katenbrink, 2023, S. 241).

- Halten Sie diese Einschätzung des Schülers für realistisch?
- Was würde eine konsequente Haltung beim Kontrollieren von Hausaufgaben und Entlarven von Täuschungen bedeuten?
- Wie stehen Sie zum Verhältnis von konsequent und kulant sein beim Überprüfen, ob Hausaufgaben tatsächlich gemacht oder abgeschrieben wurden?

Man stelle sich das mal konkret vor: Eine Lehrerin prüft bei jeder Hausaufgabe akribisch, ob sie überhaupt und ob sie selbstständig gemacht wurde. Bei Verdacht fremder (illegitimer) Hilfe greift man zu Sanktionen, wie Nachholen, Gespräch mit/Notiz an Eltern, Zusatzaufgaben, schlechte Noten, oder zu Vorwarnungen in Form von Strichen. Diese müssen dokumentiert und dann in echte Sanktionen überführt werden, wenn sie nicht als wirkungslos oder inkonsequent erscheinen sollen (vgl. auch ▶ Kap. 8.2). Das bedeutet u. U. Gesprächstermine mit Eltern vereinbaren, Aufgaben ausdenken, Aufsicht führen usw. Und welches Klima herrscht in einer Klasse, in der ständige, strenge und konsequente Hausaufgabenkontrollen und -überprüfungen vorgenommen werden und in der ein ständiger Täuschungsverdacht auf den Schüler:innen lastet?

Wieviel einfacher ist es, ein Auge zuzudrücken und sich all dies zu ersparen. Aber führt das zu schwindender Hausaufgabenmoral, bis irgendwann keine:r mehr Hausaufgaben macht? Und lässt sich dann überhaupt noch Unterricht durchführen, wenn sich einige oder sogar viele Schüler:innen nicht durch Hausaufgaben darauf vorbereitet haben? Wenn fehlende Hausaufgaben genau ermittelt und scharf geahndet, geradezu kriminalisiert, werden (Fuhrmann, 2022, S. 218), verwenden Lehrer:innen viel Zeit des Unterrichts auf die Hausaufgabenkontrolle. Das verkürzt die Zeit, in der sich inhaltlich mit dem Lehrstoff auseinandergesetzt werden kann. Insbesondere an nichtgymnasialen Schulen oder Bildungsgängen wird im Vergleich zum Gymnasium der erzieherischen Perspektive im Zusammenhang mit Hausaufgaben mehr Aufmerksamkeit gewidmet und die inhaltliche Dimension hintenangestellt (Budde & Geßner, 2017; Zaborowski & Breidenstein, 2011). Insofern ist die Frage nach Konsequenz auch eine Frage von »Time on Task«.

Und der Blick auf den Unterricht zeigt, dass dieser sehr wohl ›läuft‹, wenn wenigstens einige der Schüler:innen die Hausaufgaben gemacht haben (Fuhrmann, 2023b, S. 111). Das Abschreiben von Hausaufgaben vermehrt diese Anzahl an Schüler:innen, sodass auch sie durchaus zu einem reibungslosen Ablauf des Unterrichts beitragen können. »Dann tut man das auch dem Lehrer zuliebe, damit der seinen Unterricht nachher machen kann« (Kohler & Katenbrink, 2023, S. 241), sagt eine 14-jährige Schülerin. Die Schüler:innen, die abschreiben »liefern pünktlich die verlangten Produkte ab, ohne Sinnfragen zu stellen« (ebd., S. 240), was vielen Lehrer:innen recht sein dürfte. So kann im Unterricht auf diese Hausaufgaben als Arbeitsgrundlagen zurückgegriffen werden. Zudem wird die Hausaufgabe nicht offen in Frage gestellt, sie liegt vor und signalisiert darüber die Bereitschaft der Schüler:innen, den unterrichtlichen Arbeitsaufträgen nachzukommen. Auf die vermuteten oder auch identifizierten Täuschungen im Zuge der Hausaufgabenbesprechung wird somit zumeist taktvoll reagiert. Dies ermöglicht nicht nur den Schüler:innen, sondern auch den Lehrpersonen, einem drohenden Gesichtsverlust vorzubeugen. Statt dass Lehrer:innen das Abschreiben als ein persönliches Hintergehen durch die Schüler:innen werten und als ein moralisches Fehlverhalten bearbeiten, wird es als eine Umgangsweise mit den Anforderungen rund um Hausaufgaben behandelt und der Fortführung der Hausaufgabenbesprechung Priorität eingeräumt (Fuhrmann, 2022, S. 194).

Die Praxis des Abschreibens, Abschreibenlassens und des darüber Hinwegsehens kann man – jenseits einer negativen Bewertung als Täuschung und defizitärer Lernmotivation – insofern als kompetente Praxis von Schüler:innen und Lehrer:innen deuten, den Unterricht am Laufen zu halten, Konflikte zu vermeiden und Gemeinschaft zu stiften.

7 Hausaufgabenbetreuung an Ganztagsschulen

Seit den frühen Zweitausenderjahren wird in Deutschland das Angebot an Ganztagsschulen gezielt ausgebaut. Während der Anteil an gebundenen Ganztagsschulen, also Schulen, an denen Unterricht und Wahlangebote für alle Schüler:innen verbindlich im Ganztag stattfinden, noch immer verhältnismäßig niedrig ist, sind offene Ganztagsangebote, die freiwillig in Anspruch genommen werden können, inzwischen an der Mehrzahl der Schulen – je nach Schulform unterschiedlich – die Regel. Wenn Schüler:innen bis in den Nachmittag in der Schule sind, wird die Frage von Hausaufgaben neu diskutabel. Gerade an gebundenen Ganztagsschulen sind Hausaufgaben oft zu Schulaufgaben geworden, die also in der Schule in verbindlichen »Lernzeiten« selbstständig bearbeitet werden (sollen) (Nordt, 2020). Aber auch an offenen Ganztagsschulen werden Hausaufgaben oft in der Schule gemacht im Rahmen einer Hausaufgabenbetreuung. Diese ist sogar das am meisten genutzte Angebot an Ganztagsschulen (Gaiser et al., 2020). Das selbstständige Arbeiten an Aufgaben aus dem Halbtagsunterricht soll dabei beibehalten werden, gleichzeitig soll die Bearbeitung der Aufgaben aber in der Schule verbleiben, statt nach Hause verlegt zu werden. Die Betreuung und Unterstützung der Aufgabenbearbeitung wird (meist) von pädagogischen Fachkräften, älteren Schüler:innen oder Studierenden übernommen und kann so allen Kindern und Jugendlichen gleichermaßen zur Verfügung gestellt werden.

> »[Hausaufgabenbetreuungen] sind ebenso mit dem Versprechen verknüpft, individuelle Förderung zu ermöglichen und Schüler:innen zu unterstützen, die im außerinstitutionellen Bereich keine adäquate Hilfe erhalten, sei es, weil sie allein zu Hause sind oder die Eltern die notwendige Unterstützung nicht leisten wollen/können« (Sauerwein & Rother, 2022, S. 979).

Dabei kann die Hausaufgabenbetreuung sehr unterschiedlich organisiert sein. An manchen Schulen findet sie klassen- oder jahrgangsbezogen statt. An anderen Schulen werden Schüler:innen mehrerer Jahrgänge zusammengefasst – je nachdem, wie viele Schüler:innen am Angebot teilnehmen. Meist ist die Hausaufgabenbetreuung nach der Mittagspause angesiedelt, es wird aber auch die Integration in den Vormittag praktiziert. An vielen Schulen ist die Hausaufgabenbetreuung freiwillig, die Schüler:innen müssen sich aber fest zur Hausaufgabenbetreuung anmelden, an anderen Schulen ist das Angebot flexibel nutzbar.

Im Folgenden sollen zwei Themen bearbeitet werden: Zunächst geht es darum, wie Hausaufgabenbetreuungen organisiert sind und eine ruhige Arbeitsatmosphäre hergestellt wird (▶ Kap. 7.1). Dann schauen wir uns die individuelle Unterstützung der Schüler:innen durch die Betreuungsperson an (▶ Kap. 7.2).

7.1 Die Herstellung der Arbeitsatmosphäre

Die Hausaufgabenbetreuung kann als unterrichtsnahes Ganztagsangebot verstanden werden. Anders als AG-Angebote an Ganztagsschulen, in denen sportlichen oder kreativen Aktivitäten nachgegangen werden kann, ist die Hausaufgabenbetreuung unterrichtsähnlich organisiert. In der Regel soll eine ruhige Arbeitsatmosphäre hergestellt und aufrechterhalten werden und Herumlaufen oder Essen sind unerwünscht. Da aber der offizielle Unterricht abgeschlossen ist, kann es schwerfallen, sich noch einmal auf eine solche Arbeitsatmosphäre einzulassen, zumal zu Hause beim Hausaufgabenmachen mehr Freiheiten möglich sind. Aber die nehmen sich die Schüler:innen auch in den strenger geregelten Arrangements, wie wir zeigen werden.

7.1 Die Herstellung der Arbeitsatmosphäre

An vielen Schulen gibt es Regeln für die Hausaufgabenbetreuung, schauen wir uns exemplarisch folgende an, die in einem 5. Jahrgang eines Gymnasiums an der Wand hängen:

> **So funktioniert die Lernzeit!!!**
> 14.00–14.10 Uhr **Vorbereitung der Arbeitsphase**
> Sind alle Arbeitsmaterialien da?
> Muss ich nochmal zum Spind oder zur Toilette?
> Brauche ich noch eine Information von meinen Mitschülern?
> Will ich noch etwas trinken?
> 14.10–14.40 Uhr **Stillarbeitsphase**
> Konzentriertes, eigenständiges Arbeiten
> 14:40–14.55 Uhr **Offenes** (auch gemeinsames) **Arbeiten oder Lesen**
> Bringt euch ein schönes Buch mit!

Wie wird nun in der Praxis eine Arbeitsatmosphäre hergestellt? Die folgenden Ausschnitte stammen aus einem Forschungsseminar zu Hausaufgaben und zeigen die Praxis in jenem 5. Jahrgang (aus verschiedenen Tagen zusammengestellt).

Während nach den ersten fünf Minuten noch immer einige Schüler:innen im Raum umhertollen, wischen andere die Tafel und schreiben die Hausaufgaben für die unterschiedlichen Klassen an.

Manche fangen schon an zu arbeiten, während andere noch reden und/oder ihre Arbeitsmaterialien auspacken. Nach etwa zehn Minuten sitzen alle Schüler, manche kramen noch ihre Arbeitsmaterialien heraus, andere reden laut miteinander.

Nach zehn Minuten fangen einzelne Schüler an, schon zu arbeiten oder zu lesen. Die Lehrerin läutet ein Glöckchen zur Einleitung der Stillarbeitszeit.

Während sich der Schüler, der zur Betreuungsperson nach vorne gegangen war, wieder auf seinen Platz setzt, unterhalten

sich zwei Schüler:innen: »Guck mal, hast du gesehen?« Die andere Schülerin antwortet: »Ne, was?« Daraufhin die erste wieder: »Der Regenbogen da.«
Studentische Beobachtungsprotokolle, Klasse 5, Gymnasium

- Halten Sie diese klaren Vorgaben für die Zeitstruktur und die Tätigkeiten für angemessen? Wobei können sie helfen? Welche Probleme könnten sie machen?
- Welche Regeln sind darüber hinaus sinnvoll und warum? Welche wären für Sie nicht nötig? (Denken Sie z. B. an Essen und Trinken, Herumlaufen, sich unterhalten, Musik mit Kopfhörer hören, Smartphone benutzen, andere Kinder um Hilfe bitten, Sitzplatzwahl, den Raum verlassen ...).

Die Regeln sind der Schule wichtig und sie sind verbindlich, das markieren die drei Ausrufezeichen am Ende der Überschrift. Die Gesamtzeit einer knappen Stunde ist in drei Abschnitte eingeteilt. Die ersten zehn Minuten dienen der Vorbereitung der Arbeitsphase, die wiederum in 30 Minuten Stillarbeit und 15 Minuten offenes, gemeinsames Arbeiten oder Lesen aufgeteilt werden. Mehr noch als im Unterricht ist die Zeit streng gegliedert und das jeden Tag gleich. Abweichungen sind nicht vorgesehen, immer ist der Kern der Hausaufgabenbetreuung eine halbstündige Still- und Einzelarbeitsphase, egal, wieviel zu tun ist. Von Beobachtungen in der Hausaufgabenbetreuung an einer Grundschule wird von Deckert-Peaceman (2023) berichtet:

»So mussten sie [die Schüler:innen] anders als im Unterricht am Vormittag immer an ihrem Tisch sitzen, auch wenn sie gar nichts zu tun hatten. Im Unterricht waren sie selbständiges Arbeiten, Gespräche mit Peers, freies Bewegen im Raum gewöhnt. Hier war es ihnen verboten.«
(aus: Deckert-Peaceman, 2023, S. 138)

Zurück zum Beispiel der 5. Klasse: In den ersten zehn Minuten soll die Stillarbeitsphase vorbereitet werden. Dies geschieht z. B. durch das

7.1 Die Herstellung der Arbeitsatmosphäre

Hervorholen der Arbeitsmaterialien oder durch Dienste, wie die Tafel wischen und die Hausaufgaben des Tages anschreiben. Da sich Kinder aus verschiedenen 5. Klassen zur Hausaufgabenbetreuung zusammenfinden, müssen unterschiedliche Aufgaben für jede Klasse angeschrieben werden. Einige fangen sogar schon in diesen ersten zehn Minuten mit den Aufgaben an. Andere wiederum spielen noch (»tollen herum«) oder reden miteinander. Aber die Regeln scheinen recht gut verinnerlicht zu sein, sodass nach zehn Minuten tatsächlich alle Schüler:innen an einem Platz sitzen, wie der Protokollant festhält. Ruhig ist es noch nicht ganz, sodass ein Glöckchen als Ruhesignal eingesetzt wird. Wenn ein:e Schüler:in eine Frage hat, geht er:sie in diesem Fall zur Betreuungsperson nach vorne. In anderen Fällen geht die Fachkraft durch die Reihen und spricht leise mit jenen Schüler:innen, die Unterstützungsbedarf anzeigen oder denen ein solcher zugeschrieben wird. Grundsätzlich werden die Schüler:innen in diesem Setting und typischerweise an Gymnasien als einerseits bereits selbstständig adressiert, dass sie also in der Lage sind, den Regeln zu folgen, den Zeitplan einzuhalten und v. a. die Haus- oder Schulaufgaben selbstständig zu bearbeiten bzw. zu lösen. Andererseits wird dieser Selbstständigkeit auch misstraut, sonst bräuchte es nicht die sichtbaren Regeln und eine erwachsene Betreuungsperson, die gleichzeitig die Aufsicht führt und für kleine Hilfen bereitsteht (Kolbe & Reh, 2009, S. 178).

Kleine Fluchten

Die Regeln werden in den kurzen Szenen oben weitgehend akzeptiert und verfolgt. Doch das ist nicht immer so. Unterhaltungen zwischen Sitznachbar:innen werden häufig geführt. So etwa die beiden Mädchen, die sich über den Regenbogen austauschen. Das kurze Gespräch erinnert an die bekannte Karikatur von Marie Marcks, in der ein Schüler vom Lehrer von einem am Fenster fliegenden Schmetterling weggezogen wird, da der Junge (und der Rest der Schulklasse) sich dem an der Tafel aufgehängten Schaubild eines Schmetterlings zuwenden soll.¹³ Und es wäre doch auch hier schade, die Kinder von der Bewunderung des Regenbogens abzuhalten. Dafür spricht nicht nur die interessengeleitete Hinwendung bzw. Faszination für Phänomene und Inhalte, sondern auch, dass es für Schüler:innen um mehr geht als um die Auseinandersetzung mit dem Unterrichtsthema. Schüler:innen sind ja auch Kinder bzw. Jugendliche, die gleichermaßen den schulischen Anforderungen gerecht werden müssen wie der Anforderung, innerhalb ihrer Peergroup anerkannt zu sein. Beides kann sich aber hinsichtlich der Handlungsanforderungen sehr widersprechen. Breidenstein (2006) hat dies als »Schülerjob« beschrieben. So können z. b. ein angepasstes Lernverhalten und gute Schulleistungen unter den Gleichaltrigen leicht dem Strebervorwurf unterliegen, sodass Schüler:innen immer auch bemüht sind, den Klassenkamerad:innen zu zeigen, dass sie *nicht* immer angepasst sind (Breidenstein & Meier, 2004). Die Hausaufgabenbetreuung – als Zwischenfeld zwischen Unterricht und nicht mehr Unterricht – kann da leicht zu einem Ort werden, an dem die Grenzen zwischen der Ausrichtung auf die Schule und auf die Gleichaltrigen bzw. auf Freizeit ausgelotet werden. Rother und Sauerwein (2023) haben mit Fünftklässler:innen über die Hausaufgabenbetreuung gesprochen:

> Marie: Das Blöde ist, man darf nicht immer rumlaufen oder wenn man was holen will, dann/
> Sven: Also ich laufe immer rum *((lacht))*.
> Marie: *((lacht))* Ja du (unv.) *((sieht zu Sylwia))*
> Sylwia: Ich auch *((lacht))*. Ich sag manchmal, ich hole meine Sachen, obwohl ich irgendwas anderes hole.
> (aus: Rother & Sauerwein, 2023, S. 155)

Ein anderes Phänomen hat Deckert-Peaceman (2009) vor einigen Jahren an einer Grundschule, die erst kurz vorher in den Ganztagsbetrieb gewechselt ist, beobachtet:

---

13 Siehe auch: https://aseminar.schule.de/medien/papillon.htm [20.10.23].

7.1 Die Herstellung der Arbeitsatmosphäre

»Schon relativ bald nach Einführung der Ganztagsschule mit der Hausaufgabenbetreuung in der Zeit von 14–15 Uhr konnten wir beobachten, dass eine Reihe von Schülern ihre Spielpause verkürzte und schon etwa 15 Minuten vor Beginn der Hausaufgabenstunde verbotenerweise das Haus betrat. Die Schüler setzten sich an Tische in den Fluren und begannen, mit erstaunlicher Schnelligkeit und Konzentration ihre Hausaufgaben anzufertigen. Dabei wurde ein relativ großes Pensum an Aufgaben selbständig, ohne Abschreiben und ohne Hilfsmittel, erledigt. Alles vollzog sich innerhalb einer höchst dynamischen Situation, die von Gesprächen untereinander und mit neu hinzukommenden Schülern geprägt war. Interessanterweise gab es dieses Phänomen nicht nur einmal, sondern wir konnten verschiedene Gruppen unterschiedlicher Jahrgänge entdecken, die dieselbe Praktik unabhängig voneinander ausübten«
(aus: Deckert-Peaceman, 2009, S. 97)

- Wie beurteilen Sie die Strategien der Kinder oben im Umgang mit der Regel, während der Stillarbeitsphase nicht im Raum umherzulaufen?
- Warum erledigen einige der Grundschüler:innen ihre Hausaufgaben während der Mittagspause in einer heimlichen und unruhigen Situation, statt in der anschließenden Hausaufgabenbetreuung?

Zunächst zu Sven, Marie und Sylwia und der Regel, dass man nicht im Raum umherlaufen soll: Man kann sowohl für die Kinder als auch für die Regel Verständnis haben. Damit eine größere Gruppe in einem Raum Hausaufgaben bearbeitet, muss es einigermaßen ruhig sein, denn allzu viel Bewegung im Raum könnte die Konzentration stören. Andererseits versteht man auch die Kinder, die ihren Bewegungsdrang nur schwer auch noch am Nachmittag im Zaum halten können. Die Kinder sind unterschiedlich bereit, sich diesen Regeln unterzuordnen. Marie akzeptiert sie, wenn sie es auch »blöd« findet, sich nicht im Raum frei bewegen zu können. Anders Sven: Er erklärt die Regel für sich als ungültig, er laufe »immer rum«. Mit seinem Lachen markiert er sich als einen, der ›cool‹ genug ist, schulische Regeln zu umgehen. Die Reaktion von Marie (»ja, du«) weist darauf hin, dass das nicht das erste Mal ist, dass sich Sven Regeln widersetzt und für sich Freiheiten herausnimmt. Welche Sanktionen er dafür in Kauf nehmen muss und musste oder ob er von Lehrpersonen eine gewisse ›Narrenfreiheit‹ zugesprochen bekommt, wird nicht thematisiert. Und auch Sylwia nimmt für sich in Anspruch, die Regel zu brechen (»Ich auch«). Es ist eben Teil der Peerkultur, nicht allzu konform mit schulischen Regeln zu sein, ohne ein Maß zu überschreiten, das Ärger einbringt oder schulische Leistungen in Frage stellt. Daher verrät sie ihren Trick: Sie gibt vor, ihre »Sachen« zu holen – die Ausnahme, für die man doch aufstehen und durch den Raum laufen darf –, um dann etwas anderes zu holen oder einfach nur um sich zu bewegen. Letztlich sind es kleine Fluchten, die strengen Regeln zu umgehen, die dennoch das Hausaufgabenarrangement nicht vollständig missachten.

Schauen wir auf das andere Beispiel oben: Das Geschehen, das Deckert-Peaceman beschreibt, dass Kinder in der Pause Hausaufgaben machen, damit sie während der Hausaufgabenbetreuung schon fertig sind, obwohl sie dadurch gar keinen Vorteil erlangen, ist interessant. Warum, so fragt man sich, machen die Kinder das und nutzen nicht ihre Pause zum Spielen, wenn sie danach ohnehin in der Hausaufgabenbetreuung ruhig sein müssen, nicht herumlaufen dürfen und auch nicht früher rausgehen dürfen, wie Deckert-Peaceman an anderer Stelle weiter ausführt. Sie selbst deutet das als Autonomiebestreben der Kinder, Regeln zu durchbrechen, sich selbst die Zeiten zum Spielen und zum Arbeiten einteilen zu können:

> »Es ist die Suche nach den individuellen und kollektiven Gestaltungsmöglichkeiten in einem hochgradig standardisierten Tagesablauf, häufig in Form von Gegenbewegungen. Es findet seinen Ausdruck in einer spezifischen Aneignung von Zeiten und Räumen« (Deckert-Peaceman, 2009, S. 99).

7.1 Die Herstellung der Arbeitsatmosphäre

Gleichzeitig beschreibt Deckert-Peaceman (ebd., S. 100) den Regelverstoß als ein lustvolles Geschehen, das den Kindern Spaß macht. Sie gehen heimlich ins Schulgebäude, sitzen teils an Tischen, teils am Boden, arbeiten effektiv und kooperativ an den Hausaufgaben und freuen sich am gemeinsamen, unerlaubten Tun. Dies alles ist wichtiger als die Einsicht, gar keinen Zeitgewinn zu haben. Schule wird zum Teil der Peerkultur, indem die Anforderungen zwar erfüllt werden (die Hausaufgaben werden ja gemacht), aber in einer Weise, die sich die Kinder ausgedacht haben, nicht die Erwachsenen. Dieser ›Eigensinn‹ ist für die Kinder nötig, um der Schule überhaupt über große Teile des Tages gerecht werden zu können. Schüler:innen und Kinder gleichzeitig sein zu können, ist die spezifische Aufgabe junger Menschen. Manche Lehrperson sieht das vielleicht ähnlich, denn auch hier (ähnlich wie bei abgeschriebenen Hausaufgaben) ›übersehen‹ aufsichtsführende Lehrer:innen den Regelverstoß immer wieder, wie sich beobachten ließ. Offensichtlich wird die schulische Ordnung durch das Tun der Kinder nicht nachhaltig gestört.

Wie sieht es mit den Regeln in einer Hausaufgabenhilfe aus, die in einem Hort oder anderen Einrichtungen der Jugendhilfe, also nicht an der Schule selbst, stattfindet? Das Pochen auf feste Regeln für eine unterrichtsähnliche Arbeitsatmosphäre zeigt sich hier teilweise ähnlich wie an vielen Schulen, wie Gosse (2019) beschreibt. Es wird aber darüber hinaus auch ein Selbstverständnis der Pädagog:innen sichtbar, das sich in Teilen abgrenzt von der Institution Schule. So z.B. in folgendem Interview mit einer Erzieherin auf die Frage, inwieweit die Handynutzung während des Hausaufgabenmachens geduldet wird:

»Nee ich finde, also da nehm ich mir auch die Freiheit so, also wenn ähm wir sind als (..) integriert und kooperieren, aber wir sind halt (..) und ähm das find ich auch okay, dass wir dann anders damit umgehen. Es ist nun mal Bestandteil der Freizeit der Kinder. Und es ist ja auch ein stückweit also Mittagessen und dann haben wir ja da diese Pu also diese Pause noch dazwischen und so und da ist ja auch noch Freizeit drin enthalten. Sie ham Schule AUS, das ist ne, also

> das ist ganz klar abgegrenzt, wenn die jetzt nicht zu uns kommen würden, dann wärn die vielleicht woanders, würden die woanders hingehen bzw. also in den Hausaufgaben ist das ja auch nicht erlaubt, aber dann hätten die Freizeit. (Sehr leise:) Ich finde schon, dass man damit anders umgehen sollte.«
> (aus: Gosse, 2019, S. 264 f.)

Die Pädagog:innen im Hort oder in der Jugendhilfeeinrichtung möchten sich demnach nicht als verlängerter Arm der Schule sehen, sondern etablieren eigene Regeln und Routinen, die einerseits an der Herstellung einer guten Arbeitsatmosphäre, andererseits aber auch an (Freizeit-)Bedürfnissen der Kinder und Jugendlichen orientiert sind (ebd.).

7.2 Die individuelle Unterstützung in der Hausaufgabenbetreuung

Wenn Schüler:innen zu Hause Hausaufgaben machen, bekommen sie in vielen Fällen Unterstützung durch die Eltern (▶ Kap. 6.1). Die Hausaufgabenbetreuung in der Schule hat oftmals den Anspruch, fehlende Unterstützung zu Hause zu kompensieren. Die Erwachsenen im Hausaufgabenbetreuungssetting führen also nicht nur Aufsicht und sorgen für eine ruhige Arbeitsatmosphäre, sondern sollen die Schüler:innen auch bei Fragen oder Unverständnis unterstützen. Gleichzeitig gilt in der Regel das Gebot, die Schüler:innen sollen Hausaufgaben möglichst selbstständig bearbeiten. Sauerwein und Rother (2022) haben Grundschüler:innen gefragt, ob die Betreuer:innen bei den Hausaufgaben helfen. Die Kinder antworten zögerlich. Ein Mädchen erklärt:

7.2 Die individuelle Unterstützung in der Hausaufgabenbetreuung

> »Jaein ((*lacht; zieht das Wort in die Länge*)), würde ich mal so sagen, also ja und nein, weil manchmal helfen die uns nicht, die sagen nur so ((*räuspert sich*)), also ((*lacht*)) die sagen nur so: ›Ja, guckt mal genauer hin, also lies mal genauer ((*gestikuliert*)) und dann findest du es vielleicht heraus‹, und dann gehen die auch immer weg und gehen zu einem anderen, die gucken einfach manchmal nur drüber und m a n c h e, also, Betreuerinnen da, oder Lehrer, helfen uns wirklich auch«.
> (aus: Sauerwein & Rother, 2022, S. 991)

Es zeigen sich zwei Probleme: Zum einen geht es offensichtlich darum, eine Balance zu finden, die Schüler:innen einerseits zum *selbstständigen* Lernen und Hausaufgabenmachen anzuhalten und ihnen andererseits Unterstützung anzubieten. Das zweite Problem liegt darin, dass viele oder mehrere Schüler:innen nur auf eine Person zurückgreifen können, die ihnen helfen kann. Es muss also reguliert werden, wer wann und wie lange individuelle Zuwendung erhält.

- Wonach richten Sie sich bei der Entscheidung, ob Sie einem Schüler/einer Schülerin, der:die um Hilfe bittet, diese gewähren oder ob Sie zum eigenständigen Überlegen/Arbeiten auffordern?
- Wem bieten Sie ungefragt Unterstützung an bzw. unter welchen Umständen mischen Sie sich ohne Hilfsanfrage in die Hausaufgabenbearbeitung ein?
- Wie regeln Sie Auswahl, Reihenfolge und Dauer der jeweiligen Einzelbesprechungen innerhalb der Hausaufgabenbetreuung?
- Sollte in der Hausaufgabenbetreuung die Vollständigkeit, Richtigkeit und Qualität der Aufgabenbearbeitung kontrolliert werden? Warum? Wenn ja, wie gehen Sie dabei vor?

Diese Probleme sind spezifisch für die schulische Hausaufgabenbetreuung, aber ähnlich und vergleichbar mit der Begleitung von Wochenplanarbeit oder anderen Formen selbstständigen bzw. individualisierten Lernens (Breidenstein, 2014; Breidenstein & Rademacher, 2017). Für die familiale Unterstützung von Hausaufgaben stellen sich diese Probleme kaum. Auch wenn Eltern unterschiedlich stark auf die Selbstständigkeit ihrer Kinder pochen und das schulische Gebot übernehmen, die Kinder möglichst eigenständig die Hausaufgaben machen zu lassen, solidarisieren sie sich dennoch oft mit ihnen und helfen – teilweise sehr intensiv –, um schlechte Noten für das eigene Kind zu vermeiden (▶ Kap. 6.1). Und sie haben nur ein bzw. wenige Kinder zu betreuen, die gleichzeitig Hausaufgaben machen. Es sind also professionelle Probleme, für die ein Umgang gefunden werden muss.

Das interviewte Mädchen oben stellt das Zurückweisen von Hilfe durch die Betreuungspersonen und die Aufforderung, selbstständig zu arbeiten, in den Vordergrund. Sie nimmt aber unterschiedliche Herangehensweisen von Betreuer:innen wahr. Einige helfen wohl eher als andere. Rabenstein und Podubrin (2015) hingegen haben häufige individuelle Zuwendungen der Betreuungspersonen bzw. Lehrer:innen zu den Schüler:innen in Hausaufgabenbetreuungen oder Lernzeiten an Ganztagsschulen beobachtet. Und in vielen Fällen sind es die Pädagog:innen selbst, die Einzelgespräche initiieren.

> »(...) von Zeit zu Zeit ermahnt die Pädagogin einzelne Schüler bzw. Schülerinnen oder Gruppen – laut durch den Raum rufend –, leiser zu sein, während sie von einem/einer zum/zur anderen durch den Raum geht. (...) Dabei verweilt die Pädagogin immer wieder kurz bei einem Schüler bzw. einer Schülerin. Dort, wo wenig Platz zwischen den Tischen ist, beugt sie sich von hinten über die Einzelnen. Wenn ein freier Stuhl vorhanden ist, setzt sie sich kurz neben sie« (Rabenstein & Podubrin, 2015, S. 235)

Dabei sind es v.a. kontrollierende und das Arbeitsverhalten steuernde Interventionen, die die Lehrpersonen vornehmen, wie etwa die Frage nach dem Arbeitspensum, die Aufforderung, die Aufgabenstellungen und/oder die bereits erledigten Aufgaben vorzuzeigen oder endlich mit dem Arbeiten zu beginnen, das Kommentieren der

7.2 Die individuelle Unterstützung in der Hausaufgabenbetreuung

Stifte und Arbeitsmittel, die als unvollständig oder ungeeignet angesehen werden, Kritik an der Schrift bzw. der Heftführung oder das Prüfen der Vollständigkeit der Aufgabenbearbeitung (ebd.). All diese Tätigkeiten sind an eine unterrichtliche Ordnung angelehnt, die die Schüler:innen als zu Kontrollierende und manchmal auch als zu Verdächtigende adressiert. Die Schüler:innen sind legitimationspflichtig, wenn sie frühzeitig sichtbar nicht mehr an Aufgaben arbeiten und/oder wenn sie mitteilen, fertig zu sein oder wenig Hausaufgaben erteilt bekommen zu haben (ebd., S. 237). Gleichzeitig zeigen sich die Betreuungs- bzw. Lehrpersonen als zuständig und verantwortlich dafür, dass die Schüler:innen die Aufgaben vollständig und richtig bearbeiten (ebd., S. 238).

Neben diesen Kontrollen gibt es aber auch inhaltliche Hilfen. Auch diese werden nach Rabenstein und Podubrin (2015) nicht selten ungefragt gegeben. So weisen Betreuer:innen bzw. Lehrer:innen auf (aus ihrer Sicht) Fehler und Unvollständigkeiten hin, fragen, ob es Schwierigkeiten gebe, lassen sich Lösungswege erklären oder stellen hinführende Fragen. Außerdem prüfen sie die Korrektheit der Aufgabenbearbeitung, ermutigen und loben. All dies sind Tätigkeiten, die voraussetzen, dass die Betreuungsperson weiß, wie die Aufgaben zu bearbeiten und was die richtigen Lösungen sind, und das für verschiedene Unterrichtsfächer und Aufgaben. Darüber hinaus braucht es didaktische Fähigkeiten, die Schwierigkeiten eines Kindes zu verstehen und passende Unterstützungsmittel zu kennen. In vielen Fällen – insbesondere wenn es sich bei den Betreuer:innen nicht um ausgebildete Lehrer:innen handelt und sicher auch bei den höheren Klassenstufen – sind v. a. die inhaltlichen, aber bisweilen auch didaktischen Kompetenzen beim Betreuungspersonal nur bedingt vorhanden. Aus dem individualisierten Unterricht und Studien zur Lernberatung weiß man allerdings, dass viele inhaltliche Fragen der Schüler:innen auch von den Fachlehrer:innen z.B. über Gegenfragen eher zurückgewiesen werden oder unbeantwortet bleiben und an die Stelle Hilfen der Organisation des selbstständigen Arbeitens treten (Bräu, 2015, S. 134). Die Kürze der meisten individuellen Gespräche zwischen Betreuungsperson und Schüler:in sowie das Gebot, dass

Hausaufgaben möglichst eigenständig bearbeitet werden sollen, verweisen darauf, dass es bei der Hausaufgabenbetreuung vergleichbar zugeht.

Außer dass die Betreuungspersonen im Arbeitsraum herumgehen und sich ungefragt in die Aufgabenbearbeitung einschalten, kommen die Schüler:innen auch mit Fragen und Unterstützungsanfragen auf die Betreuer:innen zu. Dann kommt es zu dem oben geschilderten Problem, wie diese entscheiden, wem sie sich wann und wie lange zuwenden. Breidenstein (2014) hat verschiedene Praktiken aus dem individualisierenden Unterricht, die auch aus der Hausaufgabenbetreuung bekannt sind, beschrieben: die Warteschlange, wenn die Schüler:innen zur Lehrperson gehen und dort warten, bis sie an der Reihe sind, das »mobile Einsatzkommando«, wenn die Lehrperson selbst zu den aufzeigenden Schüler:innen geht, während diese an ihren Plätzen warten. Das Aufzeigen kann außer durch Melden auch in Form von farbigen Schildern (Grün für ›Ich komme zurecht‹, Rot für ›Ich brauche Hilfe‹) oder von Klammern an einem Band, die untereinander gesteckt die Abfolge der Hilfsanfragen regeln, organisiert sein. Manchmal können, sollen und dürfen sich die Schüler:innen auch gegenseitig helfen.

Das Warten auf Unterstützung kann von den Schüler:innen auch als kleine Auszeit genutzt werden:

> »Zu warten heißt in diesem Fall, auch pausieren zu dürfen, nichts anderes währenddessen tun zu können bzw. zu müssen, die eigene Zeit nicht mit etwas anderem als dem Warten auf das Gespräch mit der Pädagogin verbringen zu können« (Rabenstein & Podubrin, 2015, S. 240).

Insgesamt weisen viele Beobachtungen, Interviews und andere Studien zur Hausaufgabenbetreuung bzw. zur Lernzeit in der Ganztagsschule darauf hin, dass Schüler:innen Aufgaben abarbeiten (das ähnelt dem Arbeiten zu Hause) und die Betreuungspersonen sich bemühen, durchgängig Aktivität aufrechtzuerhalten, die gleichzeitig keine Unruhe verursachen soll. Da sind die beschriebenen kleinen Fluchten und Auszeiten verständliche Strategien der Schüler:innen,

7.2 Die individuelle Unterstützung in der Hausaufgabenbetreuung

die Verlängerung der Unterrichtsordnung in den Nachmittag und in die Hausaufgabensituation zu bewältigen.

8 Hausaufgabenkontrolle

Mit der Hausaufgabenbearbeitung ist das Prozedere um Hausaufgaben nicht abgeschlossen, vielmehr folgen weitere Phasen zurück in Schule und Unterricht, in denen die Hausaufgaben aufgegriffen und weiterverarbeitet werden. Dazu zählt die Hausaufgabenkontrolle, in der, im Unterschied zur Besprechung (▶ Kap. 9), zunächst überprüft wird, *ob* die Hausaufgaben erledigt wurden und – was noch entscheidender ist – auch im Unterricht vorliegen. Es lassen sich verschiedene Spielarten dieser Überprüfung unterscheiden, mit denen der Charakter der Kontrolle mal mehr, mal weniger betont wird. Eine Auswahl von diesen verschiedenen Formen der Hausaufgabenkontrolle wird in Kapitel 8.1 vorgestellt, bevor dann auf Konsequenzen fehlender Hausaufgaben eingegangen wird (▶ Kap. 8.2), die mit der Kontrolle verbunden sein können.

8.1 Formen der Hausaufgabenkontrolle

Die hier vorgestellten Formen der Hausaufgabenkontrolle lassen sich dahingehend unterscheiden, in welchem Maß auf die Schüler:innen und ihre Hausaufgaben zugegriffen wird: Wird ihnen eine eigene Stellungnahme zu den Hausaufgaben eröffnet? Oder wird stattdessen eine direkte Einsichtnahme in die Bearbeitung vorgenommen, wodurch die Schüler:innen zu einer Art Beweispflicht aufgefordert sind, die Hausaufgaben auch vorweisen zu können?

8.1 Formen der Hausaufgabenkontrolle

Hausaufgabenkontrolle als Selbstanzeige

In dem folgenden ersten Fall begrüßt die Lehrerin Frau Fuchs die Schüler:innen am Pult stehend und leitet im Anschluss direkt zur Hausaufgabenkontrolle über:

> »Good morning.« – »You had a little homework«, fährt Frau Fuchs fort. Alle Schülerinnen und Schüler schauen Frau Fuchs an, Emily und Samira in der vorderen Reihe nicken. »Wer hat es nicht gemacht?« – Niemand meldet sich. »Good, I will find out anyway.«
> Englisch Klasse 10, Integrierte Gesamtschule

Ebenfalls im Unterricht von Frau Fuchs, diesmal allerdings im Leistungskurs Biologie in Stufe 13, wird das Vorgehen in der Kontrolle etwas abgewandelt:

> »Wer hat denn keine Hausaufgabe?«, fragt Frau Fuchs. Sie nimmt das Notenbuch in die Hand und geht an den ersten Tisch. Dort blickt sie auf die Unterlagen der Schülerinnen und Schüler. (...) »Fiete?« Fiete zeigt auf seinen Block, anscheinend hat er die Hausaufgaben, denn Frau Fuchs macht sich keinen Vermerk. Sie läuft an den nächsten zwei Tischen vorbei. »Jemand ohne?«, fragt sie dabei. »Nö«, ruft Joshua. Sie kommt an den hinteren Tisch, links vom Pult. »Jemand ohne?« Jamal hebt die Hand, schaut kurz hoch und sagt »Ich«, dann blickt er wieder nach unten auf seinen Block. Meret meldet sich ebenfalls, Frau Fuchs dreht sich in ihre Richtung, vermerkt ihren Namen und fragt anschließend: »Noch jemand?« Jamal schaut wieder hoch: »Ja ich.« Frau Fuchs macht sich eine Notiz und geht dann zum letzten Tisch. »Wer hat die Hausaufgabe nicht?«, fragt Frau Fuchs in die Runde. Christiane meldet sich: »Ich.«
> Biologie Leistungskurs Stufe 13, Gesamtschule

8 Hausaufgabenkontrolle

> - Worin ähneln sich die Vorgehensweisen der Lehrerin in den beiden Unterrichtsstunden? An welchen Punkten unterscheiden sie sich?
> - Welche Herausforderung wird von der Lehrerin bei der Kontrolle von Hausaufgaben kenntlich gemacht bzw. tritt im Verlauf der Kontrollen auf?
> - Welche Vorteile sehen Sie darin, die Kontrolle mit einem Rundgang im Klassenzimmer zu verbinden? Welche Nachteile zeigen sich demgegenüber?

In beiden Fällen erfragt Frau Fuchs, welche Schüler:innen keine Hausaufgaben gemacht (bzw. vorliegen) haben. Mit dieser Frage werden die Schüler:innen im ersten Fall zu einer Meldung aufgefordert, sie können per *Selbstanzeige* angeben, ob die Hausaufgaben erledigt wurden. Die ausbleibenden Meldungen auf ihre Frage müssten das Signal sein, dass alle Schüler:innen Hausaufgaben vorliegen haben, was Frau Fuchs zunächst positiv kommentiert. Allerdings wendet sie dies im Anschluss in einen Misstrauensbekundung, wenn sie darauf verweist, nicht vorliegende Hausaufgaben auch ohne eine Anzeige der Schüler:innen identifizieren zu können. Mit dem Kommentar zieht die Lehrerin die Angaben der Schüler:innen in Zweifel, die ausbleibenden Meldungen werden nicht als wahrheitsgemäße Auskunft angesehen. Sie legt so auch ihre Annahme offen, dass es immer einige Schüler:innen gibt, die keine Hausaufgaben haben, und sie diese im Fortgang entlarven wird. Gleichzeitig spricht Frau Fuchs ihrer anfänglichen Frage nach fehlenden Hausaufgaben darüber selbst auch eine ausreichende Wirkung ab, eine entsprechende Selbstanzeige von den Schüler:innen zu erhalten.

Die Annahme von Lehrpersonen, dass die Aufforderung zur Selbstanzeige nicht für eine Identifizierung fehlender Hausaufgaben ausreicht, spiegelt sich auch im zweiten Fall wider, denn dort wird mit dem Rundgang der Lehrerin entlang der Gruppentische eine Kontrolle einzelner Schüler:innen eingeleitet. So z. B. bei Fiete, der nun im direkten Fokus der Lehrerin zu einer Angabe aufgefordert ist.

8.1 Formen der Hausaufgabenkontrolle

An den folgenden zwei Gruppentischen greift sie nicht mehr einzelne Schüler:innen an den Tischen heraus, sondern erfragt das Fehlen von Hausaufgaben in verallgemeinerter Form für den gesamten Tisch. Joshua übernimmt es zu antworten, sein »nö« kann dabei sowohl auf ihn als auch in Vertreterposition für seine Mitschüler:innen bezogen sein. Am nächsten Tisch scheint Jamals Selbstanzeige unterzugehen, die Lehrerin hakt aber nach, sodass niemand durch die Lappen geht.

Zwar verstärken Lehrpersonen mit einem Rundgang durch das Klassenzimmer während des Kontrollverfahrens die Aufforderung an Schüler:innen, fehlende Hausaufgaben offenzulegen, indem sie sich direkt an deren Tischen platzieren, doch ist eine vollständige Registrierung nicht vorliegender Hausaufgaben auch dann nicht garantiert. Vielmehr erscheint auch dieses Vorgehen bisweilen unsystematisch, indem die Schüler:innen in unterschiedlicher Form angesprochen werden, sodass Meldungen oder Angaben übersehen oder überhört werden. Zudem geraten Schüler:innen durch den Wechsel zwischen einer individuellen und gruppenbezogenen Ansprache in unterschiedlichem Maße in den Fokus, wodurch mit dem Kontrollverfahren dann auch Unterschiede zwischen ihnen als stark oder weniger stark kontrollpflichtig markiert werden.

Zusammengefasst kann festgehalten werden, dass die Kontrolle in beiden Fällen als Selbstanzeige der Schüler:innen ausgelegt wird. Während im ersten Fall die Meldungen der Schüler:innen am Pult abgewartet werden, dringt die Lehrerin im zweiten Fall mit dem Rundgang in die Sphäre der Schüler:innen vor und erhöht durch die körperliche Präsenz den Druck, fehlende Hausaufgaben offenzulegen. Beide Male ist die Hausaufgabenkontrolle allerdings von Unsicherheiten begleitet, ob wirklich alle fehlenden Hausaufgaben erfasst wurden. Es lassen sich weitere Formen der Hausaufgabenkontrolle identifizieren, die dabei auch auf einen anderen Umgang mit solchen Unsicherheiten verweisen.

Hausaufgabenkontrolle als Sichtung

> Herr Petersen wendet sich zur Klasse: »Ihr solltet eure Hefte auf Vordermann bringen. Lasst mal sehen.« Einige Schülerinnen und Schüler beginnen, ihre Hefte herauszuholen, einige andere, die sie bereits auf dem Tisch liegen haben, ziehen sie von der Tischkante zu sich. Sie schlagen sie auf und halten sie mit beiden Händen auf Augenhöhe vor sich, die Seiten zeigen dabei in die Mitte zu Herrn Petersen. Herr Petersen steht vor dem Pult, die Hände in den Hosentaschen, und lässt seinen Blick reihum über die Hefte schweifen: »Was kommt zuerst?« Vincent ruft: »Inhaltsverzeichnis.« Herr Petersen wiederholt die Antwort des Schülers. Einige Schülerinnen und Schüler drehen ihr Heft und schauen auf die Seiten, manche von ihnen blättern zurück, bis sie auf die Seite mit dem Inhaltsverzeichnis kommen, und halten das Heft dann wieder hoch. Ohne seine Position zu verändern, lässt Herr Petersen den Blick von links vorne bis rechts vorne über die Hefte der Schülerinnen und Schüler schweifen. »Gut. Erste Seite«, ruft er den Schülerinnen und Schülern zu. Diese blättern eine Seite weiter. Wieder richtet der Lehrer den Blick auf die Hefte, beginnend links in der vorderen Reihe. In der zweiten Reihe stoppt er, Lewin hat sein Heft vor sich auf dem Tisch liegen und blättert darin. Die Frage des Lehrers, ob er die Seite hätte, verneint er. Herr Petersen sagt, dass er dann einen Strich bekomme.
> Geschichte Klasse 7, Gymnasium

Eine solche Einsichtnahme in die Hausaufgabenbearbeitung, wie in diesem Unterricht von Herrn Petersen, findet auch bei Frau Winter statt, wird dabei allerdings in anderer Weise ausgestaltet:

> Frau Winter sagt, dass es nun den Arbeitsauftrag gebe. Die Schülerinnen und Schüler sollen ein Gedicht im Buch analysieren, während sie durch die Reihen gehe und sich die Hausaufgabe anschaue. (...)

8.1 Formen der Hausaufgabenkontrolle

Frau Winter ist am Ende der Reihe bei Marina angekommen. »Ihre Hausaufgabe?«, fragt Frau Winter. Marina hebt das Arbeitsblatt und zeigt auf ein weiteres Blatt im Ordner, dessen obere Hälfte dicht beschrieben ist. Frau Winter beugt sich vor und schaut auf die Ausarbeitung. »Können Sie es rausnehmen, dann muss ich nicht so unbequem hier stehen.« Marina öffnet die Ordnernadeln, zieht das Blatt heraus und reicht es nach hinten zu Frau Winter. Sie wendet sich wieder dem Arbeitsblatt zu, während Frau Winter ihre Hausaufgabe liest. »Und die Epoche?«, fragt Frau Winter. Ihre Augen sind dabei auf die Ausarbeitung gerichtet. Marina hat sich zu Frau Winter umgedreht. »Welche Epoche?«, entgegnet die Schülerin, hält dann inne, sie scheint sich an etwas zu erinnern. »Ach, wir hatten zwei Hausaufgaben auf!«, sagt sie. »Ich hol das nach!«, fügt Marina hinzu. Frau Winter schreibt etwas auf Marinas Blatt, liest weiter und gibt es ihr schließlich zurück. »Sehr schöne Hausaufgabe«, sagt Frau Winter schließlich und legt das Blatt über Marinas Schulter zurück auf den Tisch. Marina und Leona schauen sich an. »Ja!«, sagt Leona und lacht Marina an, Marina grinst. Frau Winter lächelt und geht die Tische entlang, um zur Reihe dahinter zu gelangen.
Deutsch Stufe 11, Gesamtschule

- Welche Vor- und welche Nachteile hat die Kontrolle aller Hausaufgaben – aus der Ferne, wie bei Herrn Petersen, oder einschließlich des Durchlesens, wie es Frau Winter praktiziert?
- Welche Spielräume sehen Sie dabei für die Schüler:innen, selbst Stellung zu ihren Hausaufgabenbearbeitungen nehmen zu können?

In der Hausaufgabenkontrolle bei Herrn Petersen werden die Schüler:innen aufgefordert, das Ergebnis der Hausaufgabe, nämlich die Überarbeitung ihrer Hefte (»Ihr solltet eure Hefte auf Vordermann bringen«), offen zu legen. Der Aufforderung wird Folge geleistet: Die Schüler:innen halten dem Lehrer die Hefte mit der bearbeiteten Seite entgegen; die Kontrolle erfolgt als *Sichtung*, indem der direkten Einsichtnahme in die Hausaufgabe durch Herrn Petersen stattgegeben wird. Der Lehrer hat es dabei leicht, denn die Hefte werden so gehalten, dass er die Reihen ohne Positionswechsel nur mit seinem Blick ›durchlaufen‹ kann. Während der Lehrer somit einen uneingeschränkten Blick auf die Hausaufgabe besitzt, ist das Sichtfeld der Schüler:innen durch das Vorzeigen der Hausaufgaben eingeschränkt. Mit seiner zentralen Position vor der Klasse, der Ausrichtung der Schüler:innen bzw. ihrer Hefte auf ihn sowie seiner darüber ermöglichten Einsichtnahme wird seine Rolle als Begutachter der Schüler:innenleistungen unterstrichen.

Das Hochhalten der Hefte erfolgt so selbstläufig, dass man von einem eingeübten Verfahren ausgehen kann, bei dem die wenigen verbalen und nonverbalen Impulse des Lehrers ausreichen. Während die Sichtung der Inhaltsverzeichnisse mit dem Kommentar »gut« als zufriedenstellend markiert wird, stoppt der Blick des Lehrers in der zweiten Runde. Dort hält der Schüler Lewin sein Heft nicht mit ausgestreckten Armen empor, sondern hat es auf dem Tisch liegen. Auf die Rückfrage des Lehrers nach der Hausaufgabe und deren Verneinen durch den Schüler wird die Konsequenz in Form des »Strichs« angekündigt (vgl. auch ▶ Kap. 8.2). Ein Ablegen des Heftes auf dem Tisch in Verbindung mit dem Blättern nach der Hausaufgabe wird in dem gleichförmigen Emporhalten der Hefte zur Auffälligkeit, wodurch die Schüler:innen ohne Hausaufgabe zügig identifiziert werden können.

Auch im zweiten Fall werden fehlende Teile von Hausaufgaben über das Vorgehen der Lehrperson direkt identifiziert. So wird ebenfalls eine *Sichtung* der Hausaufgaben von Frau Winter vorgenommen, die Einsichtnahme erfolgt dabei aber in einem Rundgang entlang der Bankreihen. Neben der Kontrolle, ob die Hausaufgabe vorliegt, wird hierbei auch eine inhaltliche Überprüfung vorgenommen. Dabei steht die Lehrerin hinter den jeweiligen Schüler:innen und liest aus dieser Position die Hausaufgaben durch. Während sich die Lehrerin dem Sichtfeld der Schüler:innen entzieht und diese den Beurteilungsvorgang der Hausaufgabe nicht mitverfolgen können,

8.1 Formen der Hausaufgabenkontrolle

ohne dass sie sich umdrehen und ihre Arbeit unterbrechen, hat die Lehrerin sowohl die Hausaufgabe als auch die Tätigkeit der Schüler:innen im Blick, was eine machtvolle Position der Lehrerin bei der Kontrolle erzeugt.

Allerdings wird der uneingeschränkten Einsichtnahme und der damit verbundenen Möglichkeit, unvollständige oder fehlende Teile zu identifizieren, nicht durchweg stattgegeben, sondern auch zwischen Lehrperson und Schüler:innen ausgehandelt. Deutlich wird dies im Austausch mit der Schülerin Marina, die erst nach expliziter Aufforderung ihre Ausarbeitung für eine inhaltliche Sichtung aushändigt. Die Begutachtung der Hausaufgabe ruft dann die Rückfrage von Frau Winter nach der »Epoche« hervor (»Und die Epoche?«). Die Einsichtnahme orientiert sich somit v. a. am Kriterium der Vollständigkeit, konkrete inhaltliche Bezugnahmen bleiben – auch im Zuge der abschließenden positiven Bewertung – demgegenüber aus. Auf die Frage nach dem fehlenden Teil zur Epoche reagiert die Schülerin zunächst mit Unverständnis, revidiert dies dann aber: So macht sie kenntlich, diesen zweiten Teil der Hausaufgabe zwar nicht erledigt zu haben, versichert aber unmittelbar deren nachträgliche Bearbeitung (»Ich hol das nach!«). Der fehlende Teil der Hausaufgabe ist damit abgehandelt und schränkt auch nicht die gute Beurteilung der restlichen Hausaufgabe durch die Lehrerin ein (»Sehr schöne Hausaufgabe«). Ein solcher Umgang mit fehlenden Anteilen kann als »Kulanz-Praktik« (Meier, 2011, S. 102) von Lehrpersonen gefasst werden, mit denen im Zusammenspiel mit Schüler:innen deren gute Teilleistungen besondere Hervorhebung erfahren und damit fehlende Anteile von Antworten oder Ausarbeitungen ausgeglichen werden. Allerdings droht eine solche Kulanz bei Hausaufgaben, leistungsbezogene Unterschiede zwischen den Schüler:innen zu verfestigen, wenn sie nur denjenigen Schüler:innen zugestanden wird, denen schon vorher gute Leistungen attestiert wurden, während ein Abweichen von der Aufgabenstellung bei anderen Schüler:innen dramatisiert wird (▶ Kap. 10.1). Im Umgang mit Hausaufgaben und insbesondere mit unvollständigen Hausaufgaben oder auch mit geleisteter Mehrarbeit stellt es somit auch eine Herausforderung dar,

Bearbeitungen nicht allein an der vorgegebenen Aufgabenstellung zu messen und auf formale Vollständigkeit zu prüfen, als vielmehr die inhaltliche Arbeit der Schüler:innen zu ermessen und diese im Unterricht zu würdigen.

Mit der Kontrolle in Form einer Sichtung wird von Lehrpersonen somit eine direkte Einsichtnahme und Beurteilung der Hausaufgabe vorgenommen. Der Kontrollcharakter wird darin gesteigert, da die Schüler:innen nun aufgefordert sind, ihre bearbeiteten Hausaufgaben vorzuweisen. Im Unterschied zu einer Hausaufgabenkontrolle in Form der Selbstanzeige durch die Schüler:innen wird hier nach dem Motto ›Vertrauen ist gut, Kontrolle ist besser‹ verfahren.

Insgesamt lässt sich für alle Formen der Kontrolle feststellen, dass sie sehr stark formal organisiert sind. Dies trifft selbst für die inhaltlich orientierten Kontrollen zu, die sich ebenfalls als anfällig erweisen, doch eher auf Vollständigkeit von Bearbeitungen abzuheben sowie leistungsbezogene Unterschiede zwischen den Schüler:innen zu markieren, statt tatsächlich inhaltliche Anmerkungen zu geben. Eine Zuspitzung erfahren diese Mechanismen der Kontrolle, wenn das Fehlen von Hausaufgaben sanktioniert wird, was im nächsten Unterkapitel gesonderte Betrachtung erfährt.

8.2 Konsequenzen fehlender Hausaufgaben

Im Folgenden wird die Diskussion um Verfahren der Hausaufgabenkontrolle weitergeführt, indem sich der Blick auf Konsequenzen richtet, die bei (mehrmalig) fehlenden Hausaufgaben eingeleitet werden. Dazu zunächst ein Fall, der verdeutlicht, wie Hausaufgabenkontrollen bereits über ihre Rahmung mit negativen Effekten für die Schüler:innen verbunden sein können, bevor dann auf Konsequenzen in Form von Vermerken bzw. Strichen eingegangen wird.

8.2 Konsequenzen fehlender Hausaufgaben

Nach der Begrüßung der Schülerinnen und Schüler leitet Frau Kurze direkt zur Hausaufgabe über: »Ihr hattet eine Hausaufgabe. Ihr solltet im Arbeitsheft mit Satzgliedern arbeiten.« Sie führt kurz aus, dass die einzelnen Satzglieder umklammert werden sollten. Während sie die Hausaufgabenstellung wiederholt hat, haben einige Schülerinnen und Schüler angefangen, sich zu melden. Frau Kurze streckt den Arm in Tristans Richtung aus. Mit einem Nicken signalisiert sie, dass er aufgerufen ist. »Ich würde gerne lesen«, sagt er. »Ok. Zuerst aber, wer ohne Fahrkarte ist.« Frau Kurze dreht sich um und geht zum Pult. Mit langgestrecktem Arm stützt sie sich an der Tischkante ab, mit ihrer rechten Hand hat sie einen Kugelschreiber vom Tisch genommen, den sie nun, bereit zum Schreiben, dicht über der Seite ihres Notenbuchs hält. Sie schaut in die Klasse: »Ist jemand ohne Fahrkarte?« (...)
Deutsch Klasse 6, Gymnasium

- Führen Sie das Szenario der Fahrkarte bzw. der Fahrkartenkontrolle weiter. Welche Bedeutung wird der Unterrichtssituation über diese Metapher verliehen, welche Implikationen schwingen mit?
- Kennen Sie weitere solcher Metaphern im Kontext von Hausaufgaben?

Nachdem die Lehrerin nochmal die Hausaufgabe benannt hat, meldet sich Tristan und möchte seine Ergebnisse vortragen. Die Lehrerin hingegen erklärt die Kontrolle der Hausaufgaben zur vorrangigen Tätigkeit vor der inhaltlichen Besprechung der Hausaufgabe. Ihrem Kontrollanliegen verleiht sie dabei über die Metapher der »Fahrkarte« Ausdruck. So wird das Dabeihaben der Hausaufgaben im Unterricht wie bei einer »Fahrkarte« als zentral deklariert, um legitim im Unterrichtsgeschehen ›mitfahren‹ zu können. Indem sich die Lehrerin mit der Frage selbst als Kontrolleurin positioniert, werden die Schüler:innen dazu aufgefordert, Auskunft zu geben, ob sie das Ticket im Unterricht mitführen und so den Nachweis für eine legitime Teilnahmeberechtigung am Unterricht erbringen können. Es deuten sich dabei bereits die Konsequenzen für eine fehlende »Fahrkarte« an: So macht sich die Lehrerin bereit, die Meldungen zu dokumentieren – die Schüler:innen werden in diesem Prozess ›aktenkundig‹ in den Unterlagen der Lehrperson. Der Bezug auf die Hausaufgabe als »Fahrkarte« wird von Frau Kunze auch in anderen Hausaufgabenkontrollen verwendet und spiegelt ein grundsätzliches Verständnis der Hausaufgabenkontrolle wider, dem im Folgenden nochmals genauer nachgegangen werden soll.

Ein Vergleich zur Fahrkartenkontrolle in öffentlichen Verkehrsmitteln gibt Aufschluss über Mechanismen der Kontrollsituation im Unterricht: So wird bei Fahrkartenkontrollen nur zwischen vorhandenem und fehlendem Ticket unterschieden. Auch bei Hausaufgabenkontrollen werden z. B. unvollständige Hausaufgaben, nicht verstandene Aufgabenstellungen oder auch gemachte, aber zu Hause liegengelassene Hausaufgaben nicht anerkannt. Stattdessen ist einzig das Vorliegen der Hausaufgaben im Unterricht entscheidend (Fuhrmann, 2022, S. 157–166).

Sowohl die Kontrollen in öffentlichen Verkehrsmitteln als auch im Unterricht sind zudem immer auch Ausdruck eines Misstrauens, dass es Personen ohne Fahrkarte bzw. ohne Hausaufgaben gibt, denn sonst müsste dies nicht kontrolliert werden. Die Metapher verweist damit auf die Möglichkeit eines ›Fahrens ohne Fahrkarte‹: Wie die Mitfahrt in öffentlichen Verkehrsmitteln trotz nicht gezogenem Ticket beschreibt das ›Fahren ohne Fahrkarte‹ im Unterricht die Teilnahme an diesem, obwohl Hausaufgaben fehlen und dies in einer Meldung offengelegt wurde. Mit dem Bezug auf die »Fahrkarte« ist dann auch angedeutet, dass es um ein Entlarven von Personen geht, die versuchen, ohne Hausaufgabe am Unterricht teilzunehmen. Während fehlende Tickets in öffentlichen Verkehrsmitteln mit Bußgeldern belegt werden, ist mit der Metapher der »Fahrkarte« im Unterricht auch angedeutet, dass auf fehlende Hausaufgaben Konsequenzen folgen.

Für Schüler:innen ergeben sich mit diesen Abläufen der Kontrolle allerdings Herausforderungen. Denn mit dem Fokus auf das aus-

8.2 Konsequenzen fehlender Hausaufgaben

schließliche Vorliegen der Bearbeitung im Unterricht wird nicht abgebildet, wer sich an die Hausaufgaben gesetzt hat, diese aber vielleicht nicht lösen konnte, wem Vorwissen gefehlt hat oder wer auch aufgrund einer zu großen Menge an Hausaufgaben keine zeitlichen Kapazitäten mehr für die Bearbeitung zur Verfügung hatte (vgl. auch ▶ Kap. 3.1). Sofern die Hausaufgaben für die Stunde nicht auch vorliegen, sind negative Konsequenzen dann nicht zu umgehen: Legen die Schüler:innen das Fehlen von Hausaufgaben offen, zieht diese Angabe einen Vermerk sowie bei mehreren fehlenden Hausaufgaben auch Sanktionen nach sich, wie die nachfolgenden Fälle hervorheben. Umgehen die Schüler:innen diese negativen Konsequenzen, indem sie fehlende Hausaufgaben nicht anzeigen, könnte ihnen dieses Vorgehen als unehrlich im Sinne des ›Fahrens ohne Fahrkarte‹ vorgeworfen werden.

Wie wird nun mit den Angaben der Schüler:innen zu fehlenden Hausaufgaben in der Kontrolle weiter verfahren? Aufschluss geben die folgenden Fallbeispiele:

> Frau Kurze ruft Russell auf, der sich ebenfalls meldet. Er habe die Hausaufgabe nicht, sagt er. Frau Kurze runzelt die Stirn und schaut in ihr Notenbuch. Dann blickt sie wieder auf, zwischen ihren Augenbrauen hat sich eine Falte gebildet, was sie noch ärgerlicher erscheinen lässt. »So, Russell, das ist der dritte Strich. Innerhalb der Zeit vom 14.03., nicht seit Februar[14].« Russell nickt, Frau Kurze wendet sich ab und ruft Tom auf.
> Deutsch Klasse 6, Gymnasium

> Frau Kurze geht zum Pult, stützt sich mit den Armen ab und schaut in ihre Unterlagen: »Hausaufgabe war Seite 58 und 59.« Sie hebt den Blick. »Wer ist ohne Fahrkarte unterwegs?« (...) Während Frau Kurze die Namen der Schüler:innen notiert, merkt sie an: »Ich muss meine Einträge mal übertragen. Ich hoffe, dass niemand die

---

14 Mit dem Verweis auf Februar bezieht sich die Lehrerin auf den Beginn des zweiten Halbjahres als möglichen Startpunkt ihrer Aufzeichnungen.

Marke von drei, vier überschreitet.«
Deutsch Klasse 6, Gymnasium

- Überlegen Sie, welche anderen Vorgehens- und Umgangsweisen mit fehlenden Hausaufgaben gegenüber dem Vermerk von Strichen möglich wären.
- Welche Vor- und Nachteile sehen Sie mit den jeweiligen Vorgehensweisen verbunden?
- Was würde geschehen, wenn Hausaufgaben nicht kontrolliert würden?

Im ersten Fall führt die Angabe von Russell, keine Hausaufgaben zu haben, zu einem Eintrag in das Notenbuch der Lehrerin. Der eingetragene Strich symbolisiert die fehlende Hausaufgabe, die nun als Versäumnis von Russell auch schriftlich festgehalten ist. Bei der Dokumentation des Strichs mehren sich jedoch die Versäumnisse, denn es »ist der dritte Strich«, womit auf ein dreimaliges Fehlen der Hausaufgaben bei Russell verwiesen ist. Zudem scheinen sich die Striche in einer kurzen zeitlichen Abfolge angesammelt zu haben. Es klingt an, dass die Anzahl der Striche innerhalb eines Zeitraumes begrenzt ist. Im ersten Fall wird eine solche Limitierung der Anzahl vermerkter Striche von der Lehrerin nicht näher ausgeführt, bestätigt sich dann aber beim zweiten Fall.

Auch in dieser Unterrichtsstunde fordert die Lehrerin die Schüler:innen zunächst über die Metapher der Fahrkarte zu einer Anzeige fehlender Hausaufgabe auf, um die Meldungen der Schüler:innen dann aufzuschreiben. Allerdings werden die Vermerke als ein Zwischenstand gekennzeichnet, der in andere Unterlagen überführt wird. Erst diese Übertragung legt die Gesamtzahl fehlender Hausaufgaben für jede:n Schüler:in offen und ob eine Höchstgrenze bereits erreicht ist. Die noch tragbare Anzahl wird bei der »Marke von drei, vier« festgelegt. Dass einige Schüler:innen diese Anzahl von Einträgen bereits erreicht oder gar überschritten haben, scheint nicht ausgeschlossen (»*Ich hoffe*, dass niemand die Marke von drei, vier überschreitet.«), obwohl bislang keine Konsequenzen daraus entstanden sind – offensichtlich, weil der Gesamtüberblick fehlte. Allerdings wird dem Eindruck einer möglicherweise inkonsequenten Handhabung dann wiederum entgegengewirkt, indem die Angabe zur Höchstgrenze der Anzahl von Einträgen zwischen drei und vier ungenau verbleibt. Eine solche variable Höchstgrenze hält der Lehrerin Spielräume offen, Sanktionen für fehlende Hausaufgaben einzuleiten, und lässt sie nicht als inkonsequent erscheinen. Gleichzeitig werden auch diese Sanktionen nicht näher bestimmt; was mit den Einträgen passiert und welche Maßnahmen dann gegebenenfalls eingeleitet werden, bleibt offen. Über solche Andeutungen werden Konsequenzen zwar kenntlich gemacht, doch deren Umsetzung wird flexibel gehalten.

Auch für andere Unterrichtsstunden kann eine solche Unbestimmtheit im weiteren Umgang mit den Vermerken fehlender Hausaufgaben verzeichnet werden. So werden teils Auswirkungen auf mündliche Noten, die Benachrichtigung des Elternhauses oder anderer schulischer Instanzen angekündigt, ohne dass diese Maßnahmen konkretisiert werden oder ihre tatsächliche Umsetzung beobachtet werden konnte (Fuhrmann, 2022, S. 218–230). Vielmehr zeigt sich hierin die Notwendigkeit, mit der Frage nach fehlenden Hausaufgaben auch beständig nachfolgende Maßnahmen anzukündigen, um die Kontrolle nicht bedeutungslos erscheinen zu lassen. Eine rein formale Kontrolle von Hausaufgaben setzt Lehrpersonen somit in einen beständigen Vollzugszwang, dem auch Konsequenzen hinzuzufügen.

Insgesamt eröffnen sich aus diesem dokumentierenden und sanktionierenden Umgang mit Hausaufgaben keine weiterführenden inhaltlichen Impulse für den Unterricht. Vielmehr werden darüber erzieherische Dimensionen in den Fokus gerückt, indem über drohende Konsequenzen beim Fehlen von Hausaufgaben im Unterricht die Hausaufgabenbearbeitung zur Pflicht erhoben und von den Schüler:innen eingefordert wird. Allerdings erweisen sich die Vorgehen als intransparent und wenig konsequent, überdies sind sie sowohl für Schüler:innen als auch für Lehrpersonen von Nachteilen begleitet. Den Schüler:innen gegenüber wird eine defizitäre Haltung eingenommen, indem nicht erbrachte Leistungen von Vorneherein angenommen werden und ausschließlich auf diese abgehoben wird. Sobald fehlende Hausaufgaben festgestellt werden, sind Konsequenzen zu tragen. Lehrpersonen hingegen bringen sich in Zugzwang, über die Ankündigung sanktionierender Maßnahmen die Kontrollverfahren ›am Laufen‹ zu halten. Diese Nachteile erweisen sich dabei als eigens erzeugt, wenn an einer Vorstellung festgehalten wird, Hausaufgaben auf ihr Vorliegen im Unterricht hin kontrollieren zu müssen. Vielmehr bietet es sich an, die Spielräume auszuloten, wie die inhaltlichen Potenziale der Hausaufgabe im Unterricht einbezogen werden können, um diese für die individuelle als auch gemeinsame Weiterarbeit zu nutzen.

9 Hausaufgabenbesprechungen

Während im vorherigen Kapitel die Kontrolle von Hausaufgaben im Mittelpunkt stand und es damit um eine vorwiegende Überprüfung ging, ob die Hausaufgaben im Unterricht vorliegen, steht in den folgenden Ausführungen die inhaltliche Auseinandersetzung mit den Bearbeitungen im Fokus: Was geschieht im Rahmen von Hausaufgabenbesprechungen? Welche Gesichtspunkte von Hausaufgabenbearbeitungen werden in welcher Weise thematisiert? Was findet demgegenüber weniger oder keine Beachtung? Zunächst wird dazu die Auseinandersetzung mit Bearbeitungsschwierigkeiten bei Hausaufgaben näher betrachtet (▶ Kap. 9.1), bevor es um die Verwertung von Hausaufgaben im Unterricht geht (▶ Kap. 9.2).

9.1 Umgang mit Bearbeitungsschwierigkeiten

Mit den beiden nachfolgenden Fällen wird Einblick gegeben, wie in Hausaufgabenbesprechungen mit Bearbeitungsschwierigkeiten der Schüler:innen umgegangen wird. In beiden Beobachtungsprotokollen aus dem Deutschunterricht findet zunächst eine Kontrolle der fehlenden Hausaufgaben statt, bevor zur Besprechung übergeleitet wird. Mit den Angaben der Schüler:innen zu ihren Hausaufgabenbearbeitungen wird dabei ganz unterschiedlich verfahren:

»Isabelle?« – »Ich habe nur die Adverbiale der Zeit bestimmt und nicht die anderen.« Frau Kurze ruckt mit ihrem Kopf ein Stück zurück, gleichzeitig runzelt sie die Stirn, sie scheint verdutzt zu

sein. »Weshalb?« – »Ähm…« Isabelle wirft einen kurzen Blick in ihr Arbeitsheft, das aufgeschlagen vor ihr auf dem Tisch liegt. »… da stand nur Adverbiale der Zeit drüber. Deshalb dachte ich, man muss nur die bestimmen.« – »Ich sehe schon, wir müssen beginnen, das durchzugehen, um Klarheit zu schaffen.« Frau Kurze dreht sich an die Tafel, nimmt die Kreide und schreibt: »Satzglieder erkennen und bestimmen.«
Deutsch Klasse 6, Gymnasium

Jetzt meldet sich auch Felicitas. »Wir haben auf Seite 59 die zweite Aufgabe nicht verstanden«, führt sie aus und deutet dabei auf ihre Nachbarin Maria, die bestätigend nickt. Frau Kurze schüttelt den Kopf, sie scheint ärgerlich zu sein. »Nee tut mir leid, das Beispiel ist so eindeutig, das hättet ihr können müssen.« Sie beugt sich wieder zu ihren Unterlagen und notiert sich die Namen.
Deutsch Klasse 6, Gymnasium (aus: Fuhrmann, 2022, S. 205)

> - Empfinden Sie die Aufgabenstellungen in unterrichtlichen Arbeitsmaterialien auch manchmal missverständlich? Wie gehen Sie damit um bzw. welche Strategien des Umgangs erachten Sie als sinnvoll?
> - Wie wird in den beiden Fällen mit den Angaben der Schüler:innen umgegangen? Welche Funktion erfüllt die Hausaufgabenbesprechung dabei?

Bei der Kontrolle der Hausaufgaben gibt die Schülerin Isabelle an, »nur die Adverbiale der Zeit bestimmt« und weitere Adverbiale ausgelassen zu haben. Mit einer solchen Angabe ist mitunter das Risiko verbunden, dass die Hausaufgabenbearbeitung als »unvollständig« angesehen wird, was für die Schüler:innen wiederum die Konsequenz in Form eines Vermerks o. ä. nach sich ziehen kann (Fuhrmann, 2022, S. 164 ff.). Die unvollständige Bearbeitung resultiert dabei aus der missverständlichen Aufgabenstellung, wie die Nachfrage der Lehrerin und die darauffolgende Erklärung der Schülerin

9.1 Umgang mit Bearbeitungsschwierigkeiten

offenlegt. Hiermit wird dann auch das Erfordernis für Schüler:innen bei der Hausaufgabenbearbeitung hervorgehoben, die jeweilige Aufgabenstellung außerhalb des Unterrichts eigenständig zu entschlüsseln, ohne dass dabei Rückfragen an die Lehrperson gestellt werden können. So kommt es zu ganz eigenen Interpretationen der Aufgabenstellungen durch die Schüler:innen, wodurch die Bearbeitungen bisweilen von den intendierten Ausführungen abweichen und/oder ausschließlich einzelne Teilaspekte aufgreifen.

Die Lehrerin verlagert die Klärung der Aufgabe dann in die anschließende Besprechung. Im Vorgehen der Lehrerin wird eine zentrale Funktion der Hausaufgabenbesprechung deutlich: Sie wird zur Möglichkeit, die unterschiedlichen Bearbeitungsweisen und -ergebnisse der Schüler:innen zusammenzuführen, Auslassungen aufzufangen und den Schüler:innen so den Zugang zu einer vollständigen und umfassenden Klärung der Aufgabe zu ermöglichen.

Dieses Potenzial wird allerdings nicht immer genutzt, wie die Reaktion der Lehrerin auf die Angabe von Felicitas im zweiten Fallbeispiel deutlich macht. In ihrer Erklärung zur unvollständigen Hausaufgabenbearbeitung verweist die Schülerin darauf, die Aufgabe nicht verstanden zu haben. Es erging dabei nicht allein ihr so, vielmehr spricht sie stellvertretend auch für ihre Mitschülerin und verleiht der Angabe darüber mehr Gewicht. Im Prozess der Hausaufgabenbearbeitung gab es bei den Schüler:innen somit Verständnisprobleme, die sich auf mindestens zwei Personen erstrecken. Die Ausführungen der Aufgabenstellung und/oder die unterrichtliche Hausaufgabenvergabe zu dieser Hausaufgabe waren demnach nicht so aufschlussreich, als dass sie eine eigenständige Bearbeitung der Aufgabe durch die Schülerinnen sicherstellen konnten.

Frau Kurze entschuldigt sich zunächst, allerdings ist ihre Entschuldigung nicht solidarisch auf die Schülerinnen gerichtet, sondern wendet sich im Folgenden gegen sie: So fordert die Lehrerin ein, dass die Schülerinnen die Aufgabe bewältigen müssen, und schließt hingegen Schwierigkeiten bei der Bearbeitung aus, was sie mit der Eindeutigkeit des Beispiels in der Aufgabe rechtfertigt. Die Aussage der Schülerinnen erscheint so als unglaubwürdig, wenn sie nicht anerkannt wird und sogar die Konsequenz in Form eines Vermerks der Namen nach sich zieht. Sie erlangt den Status einer Ausrede, sich nicht mit ausreichend Engagement mit der Hausaufgabe auseinander gesetzt zu haben. So werden die Bearbeitungsschwierigkeiten dann auch nicht in einem Austausch im Rahmen der Besprechung aufgegriffen. Hier erweist sich mit Verweis auf Kap. 6.1 die Vermutung der Schülerin Charlotte als realistisch, dass ihre eigene Rückmeldung im Unterricht, die Aufgabe nicht verstanden zu haben, kein Gewicht hat.

Dieses Vorgehen der Lehrerin wendet einen möglichen indirekten Vorwurf gegenüber der Lehrtätigkeit, dass diese nicht ausreichend war, um die Hausaufgabe erfolgreich lösen zu können, ab. Die unvollständigen Hausaufgaben werden dann nicht den unterrichtlichen Prozessen zur Last gelegt, in denen das erforderliche Wissen zur Bearbeitung möglicherweise nicht vermittelt wurde, vielmehr wird es als individuelles Versäumnis der Schüler:innen gekennzeichnet. Damit wird den Schüler:innen aber auch eine angeleitete und unterstützende Bewältigung mit den Schwierigkeiten verwehrt und der Hausaufgabenbearbeitung die Funktion genommen, Einblick in die eigenständigen Arbeitsprozesse der Schüler:innen und damit verbundene Herausforderungen zu geben.

Zudem wäre in Hinblick auf die erste Szene zu hinterfragen, ob Schwierigkeiten in Hausaufgabenbearbeitungen nur bei bestimmten Schüler:innen anerkannt werden, z.B. bei denjenigen, die als ›leistungsstark‹ angesehen werden. Solche Dynamiken bei Hausaufgaben drohen dann zur Verfestigung von Leistungsurteilen beizutragen, indem Schwierigkeiten den einen als Versäumnis attestiert werden, während sie bei anderen entschuldigt werden und einer gemeinsamen Besprechung stattgegeben wird.

Auf eine solche Tendenz weist der folgende Fall hin. Zudem gibt er Aufschluss über weitere Dynamiken, die sich im Umgang mit der Hausaufgabenbearbeitung zurück im Unterricht ergeben können: Als Hausaufgabe für diese Stunde waren die Seiten 58 und 59 in einem Arbeitsheft zu bearbeiten. Im Anschluss an die Hausaufgabenkontrolle werden die Ergebnisse der Hausaufgabenbearbeitung per ›Lauffeuer‹ von den Schüler:innen präsentiert, indem entlang der

9.1 Umgang mit Bearbeitungsschwierigkeiten

Bankreihen jeweils ein Ergebnis von den Schüler:innen vorgelesen wird.

Dann ist Ricardo mit Vorlesen an der Reihe. Er nennt »wenig Langeweile« als Antwort und schaut die Lehrerin an. »Ist das substantiviert oder von Hause aus groß?« Ricardo schaut die Lehrerin abwartend an. »Ricardo, sag du es mir«, fordert sie ihn auf. »Von Hause aus groß?«, antwortet er zögernd. Es scheint mehr eine Frage zu sein, die Lehrerin nickt. »Lies mal alles vor, ich will mal hören, ob du substantivierte Formen hast.« Ricardo schaut in sein Heft und beginnt leise vorzulesen. Ich kann das Vorgetragene nicht verstehen, obwohl ich nicht weit von ihm entfernt sitze. Einige Schülerinnen und Schüler beginnen »Häh?« zu rufen und schütteln dabei den Kopf. Frau Kurze beugt sich immer weiter vor, um besser zu hören. Ricardo stoppt und hebt den Blick. »Lies einfach alles vor, was du da stehen hast«, fordert sie ihn nochmal auf. Ricardo wendet sich wieder seiner Hausaufgabe zu und nuschelt seine Antwort. Es scheint wieder falsch zu sein, denn Frau Kurze unterbricht ihn: »Ricardo, ich schaue später mal in dein Heft.« Ricardo nickt, er macht einen gequälten Eindruck. Frau Kurze fordert die nächste Schülerin zum Vorlesen auf. (...) Währenddessen bemüht sich Ricardo ein Arbeitsheft von den neben ihm sitzenden Mitschülerinnen zu bekommen. Nora dreht sich um und fährt ihn an: »Du hast es doch geschrieben!« Ricardo deutet auf die rechte Seite seines Arbeitsheftes und scheint etwas zu erklären, er macht einen hilflosen Eindruck. Während er noch redet, dreht Nora sich um und schaut wieder nach vorne. Ricardos Erklärung verläuft sich, er sinkt in sich zusammen und schaut stumm in sein Arbeitsheft.

Deutsch Klasse 6, Gymnasium

- Welche Herausforderungen zeigen sich für den Schüler Ricardo in der Hausaufgabenbesprechung?

> • Welche Formate zur Besprechung der Hausaufgaben ließen sich alternativ zum Vorlesen der Ergebnisse vor dem Klassenplenum durchführen?

Das von Ricardo vorgelesene Ergebnis seiner Hausaufgabenbearbeitung ruft eine Rückfrage der Lehrerin hervor. Die Frage der Lehrerin scheint Ricardo nicht umstandslos beantworten zu können, worauf sein Zögern und seine fragende Antwort hindeuten. Ricardo kann dann zwar die korrekte Antwort geben, allerdings scheint die Lehrerin damit noch nicht überzeugt, dass er in der Hausaufgabe die korrekten grammatikalischen Formen bestimmt hat. Mit der Aufforderung, alle seine Ergebnisse vorzulesen, wird auf einen weitreichenden Einblick in die Hausaufgabenbearbeitung des Schülers abgehoben. Dass eine solche umfassende Ergebnispräsentation vor der Klassenöffentlichkeit bei Ricardo Unsicherheiten verursacht, macht sein leises Vorlesen deutlich.

Im Verlauf der Besprechung wird ersichtlich, dass der Schüler Ricardo entweder Schwierigkeiten bei der Hausaufgabenbearbeitung hatte und/oder die Ergebnisse nicht in der geforderten Weise präsentieren kann. Das Nachhaken der Lehrerin führt nun nicht zur Klärung, vielmehr scheint sich die Unsicherheit von Ricardo noch zu steigern. Weiter zugespitzt wird dies auch durch die Mitschüler:innen, die den Kopf schütteln. In ihren Reaktionen spiegelt sich gewissermaßen der Zweifel an korrekten Ergebnissen, den auch die Lehrerin gegenüber Ricardo signalisiert. Ohne dann abschließend darauf hinzuweisen, ob Ricardo die Formen korrekt bestimmt hat, und ohne mögliche Schwierigkeiten anzugehen, wird fortgefahren und eine Klärung ausgelagert, indem die Lehrerin später das Heft von Ricardo sichten möchte. Gerade durch diesen angekündigten direkten Zugriff auf die Hausaufgabenbearbeitung des Schülers und die Einsichtnahme nimmt die Lehrerin eine indirekte Beurteilung der Arbeit von Ricardo bereits vorweg: Weil diese nicht ihren Erwartungen an korrekt erarbeitete Ergebnisse entspricht, die dann flüssig im Unterricht vorgetragen werden können, entscheidet sie sich für eine

9.1 Umgang mit Bearbeitungsschwierigkeiten

gesonderte Überprüfung. Damit wird zwar einer weiteren Bloßstellung vor der Klassenöffentlichkeit vorgebeugt, dem Schüler gleichzeitig aber auch signalisiert, dass die ganze Hausaufgabe falsch bearbeitet sein könnte. Zudem wird ihm abgesprochen, mögliche Schwierigkeiten oder Unsicherheiten eigenständig vor der Klassenöffentlichkeit lösen zu können. Die implizite Abwertung von Ricardos Leistung vor den Mitschüler:innen steigert sich durch den Verweis der Lehrerin auf eine Einzelüberprüfung. Wie unangenehm Ricardo diese Ankündigung ist, zeichnet sich auch in der Hinwendung zu seinen Mitschüler:innen ab, um von ihnen vor der Einsichtnahme durch die Lehrerin Hilfe zu erbitten. Allerdings wehren die Mitschüler:innen sein Hilfegesuch ab. Auch darin setzt sich fort, dass dem Schüler eine direkte und überdies selbstbestimmte Auseinandersetzung mit Schwierigkeiten in der Hausaufgabenbearbeitung verwehrt wird. Er wird sich selbst überlassen, indem er auf seine eigene Ausarbeitung verwiesen wird. Die Hausaufgabenbesprechung wird für Ricardo kein Ort, an dem eine inhaltliche und prozessorientierte Auseinandersetzung mit seiner Bearbeitung möglich wird. Stattdessen verschärft sich seine Situation, indem sein Ausschluss von der Erarbeitung korrekter Lösungen durch die Mitschüler:innen fortgesetzt wird.

Hausaufgabenbesprechungen bieten die Möglichkeit, Auslassungen oder Schwierigkeiten aufzufangen, die im Zuge der eigenständigen Auseinandersetzung der Schüler:innen mit der Hausaufgabe auftreten können. Wie die Fälle zeigen, wird eine solche Funktion von Hausaufgabenbesprechungen aber nicht immer wahrgenommen, vielmehr werden darauf bezogene Aussagen von Schüler:innen abgewiesen oder resultieren in Bloßstellungen vor der Klassenöffentlichkeit. Gerade in ihrer inhaltlichen Besprechung liegt ein großes Potenzial von Hausaufgaben, Einblick in eigenständige Arbeitsprozesse von Schüler:innen zu bekommen, damit verbundene Schwierigkeiten zu identifizieren und diese gemeinsam zu klären. Dies lässt sich über Rückfragen von Lehrpersonen, das gemeinsame schrittweise Erarbeiten und Durchgehen von Lösungswegen oder durch die Initiierung eines Peer-Austauschs zu den Hausaufgaben realisieren.

Das Hinterfragen von Vorgehensweisen und Ergebnissen der Schüler:innen, insbesondere wenn diese als nicht korrekt gekennzeichnet werden, kann dazu beitragen, Schwierigkeiten aufzuschlüsseln und diesen zu begegnen.

9.2 Verwertung der Hausaufgabenbearbeitungen für das Unterrichtsgeschehen

Auf welche Weise werden die Inhalte der Hausaufgabe im Unterricht aufgegriffen? Wie beziehen sich die einzelnen Unterrichtsteilnehmer:innen auf die Hausaufgaben? Welche Konflikte entstehen dabei bisweilen? Aufschluss über diese Fragen gibt die Reihe der ausgewählten nachfolgenden Fälle.

Frau Kurze ordnet ihre Materialien am Pult, die Schülerinnen und Schüler reden, zwei Schüler direkt neben und vor mir werfen einen Collegeblock hin und her. Es fliegen lose Blätter durch die Luft. Schließlich packt ein weiterer Schüler, der ebenfalls in der Reihe sitzt, den Block, steht auf und legt ihn auf die Fensterbank.

Frau Kurze lässt ihren Blick durch die Klasse schweifen. Er bleibt an dem Platz von Merle hängen: »Warum hast du die Hausaufgabe aufgeschlagen?« Merles Heft liegt aufgeschlagen vor ihr. Sie schaut die Lehrerin an und antwortet: »Ich wollte sie schonmal hinlegen.« – »Da kümmern wir uns später drum. Schlag es jetzt wieder zu.« Merle macht das Heft zu und schiebt es unter ihr Buch. Frau Kurze richtet sich auf und schaut in die Klasse. Die Schülerinnen und Schüler stehen auf. Als alle ruhig sind, begrüßt Frau Kurze sie, worauf die Schülerinnen und Schüler im Chor zurückgrüßen. Auf die Hausaufgabe wird im weiteren Verlauf der Doppelstunde nicht

9.2 Verwertung der Hausaufgabenbearbeitungen für das Unterrichtsgeschehen

mehr eingegangen.
Deutsch Klasse 6, Gymnasium (aus: Fuhrmann 2022, S. 121)

> - Welche Routinen kennen Sie für den Beginn von Unterrichtsstunden? Spielen die Hausaufgaben dabei oft eine Rolle?
> - Lassen sich die Hausaufgabenbearbeitungen leicht in den Unterrichtablauf integrieren? Falls ja, worauf würden Sie das zurückführen? Falls nein, welche Gründe könnte dies haben?

In dieser Unterrichtsstunde fallen zunächst die unterschiedlichen Tätigkeiten von Lehrperson und Schüler:innen auf: Während die Lehrerin ihre Unterlagen für den anstehenden Unterricht ordnet, sind die Schüler:innen (noch) in Gespräche vertieft oder spielen mit einem Collegeblock. Ein Schüler unterbricht schließlich dieses Spiel und wirkt so auch daran mit, sich ebenfalls auf das bevorstehende Unterrichtsgeschehen vorbereiten zu können.

Ähnlich ist das auch bei der Schülerin Merle festzustellen, denn sie bereitet sich auf den Unterrichtsbeginn mit dem Zurechtlegen ihrer Hausaufgaben vor – eigentlich genauso wie die Lehrerin am Pult. Allerdings wird ihre Vorbereitung mit der Nachfrage der Lehrerin als begründungspflichtig markiert (»warum hast du die Hausaufgabe aufgeschlagen?«) und anschließend sogar darauf gedrängt, die Hausaufgabenbearbeitung wieder zuzuschlagen. Wie kann diese Reaktion der Lehrerin verstanden werden, wo Merle doch – im Unterschied zu einigen Mitschüler:innen – scheinbar im Sinne des Unterrichts agiert, jederzeit mit ihren Arbeitsergebnissen ›einsatzbereit‹ zu sein und diese in das Unterrichtsgespräch einbringen zu können?

Mit dem Aufschlagen der Hausaufgaben macht Merle ihre Annahme kenntlich, dass die Bearbeitungsergebnisse im Unterricht besprochen oder aufgegriffen werden. Damit kommt das Zurechtlegen der Hausaufgabe einer Aufforderung an die Lehrerin gleich, die Hausaufgabe im Unterricht nun auch zu besprechen und so nicht zuletzt die Mühen der Bearbeitung zu würdigen. Diese Aufforderung weist die Lehrperson allerdings zurück, indem sie auf einen späteren

9 Hausaufgabenbesprechungen

Einbezug der Hausaufgabe verweist, diese dann aber im weiteren Fortgang des Unterrichts gar nicht mehr thematisiert. Die bearbeitete Hausaufgabe von Merle erfährt somit in dieser Unterrichtsstunde keine Würdigung.

Mit dem Fall kann somit ein möglicher Interessenkonflikt im Zusammenhang mit einer Besprechung von Hausaufgaben aufgedeckt werden: Bearbeitete Hausaufgaben können demnach zu einem Störfaktor im Unterricht werden, wenn Schüler:innen direkt oder indirekt zeigen, dass sie davon ausgehen, dass die Hausaufgaben für den Unterricht eine Rolle spielen oder dass sie wenigstens gewürdigt werden, die Lehrerin die Hausaufgaben in ihrer Unterrichtsplanung aber gar nicht eingebunden hat. Führt dies dazu, dass Hausaufgaben zurückgewiesen und im Unterricht nicht thematisiert werden, erfährt dann auch die von Schüler:innen durchgeführte Bearbeitung keine Anerkennung. Zudem wird die Hausaufgabe selbst fraglich, wenn sie für den Unterricht von keiner Bedeutung ist. Die Schüler:innen könnten sich fragen, welchen Wert die Aufgabenbearbeitung dann überhaupt hat. Aufschluss über weitere Mechanismen, die einer Würdigung von Hausaufgaben entgegenstehen können, geben die folgenden Fälle.

Als Hausaufgabe sollte ein Aufsatz zur Frage »Was ist Liebe heute?« geschrieben werden. In der folgenden Unterrichtsstunde werden die Ausarbeitungen von den Schüler:innen vorgelesen:

> Frau Winter sitzt inzwischen wieder am Pult. Sie wartet noch kurz und sagt dann »David«. David senkt den Blick und beginnt zu lesen. Liebe könne unterschiedlich aufgefasst werden. Aus wissenschaftlicher Perspektive sei Liebe ein chemischer Prozess, an dem Hormone beteiligt seien; früher seien Hochzeiten zur Erweiterung von Macht geschlossen worden, heute würde aus Liebe geheiratet; Liebe werde aufgrund von Kultur unterschiedlich interpretiert, sind einige seiner Gedanken im Text. »Danke schön, auch für deine Hausaufgabe« sagt Frau Winter, als er seine Ausführungen beendet hat.

9.2 Verwertung der Hausaufgabenbearbeitungen für das Unterrichtsgeschehen

> Sie fordert die Schüler:innen auf, die Hausaufgabe in einem Satz zusammenzufassen. Ebru meldet sich und wird von Frau Winter aufgerufen. »Liebe wird kulturell unterschiedlich interpretiert«, sagt sie. Frau Winter wendet sich an David, »stimmt das so?«, fragt sie ihn. David beginnt zu erklären, dass je nachdem, wo oder in welchem Land man sei, Liebe unterschiedliches bedeuten könne. Frau Winter nickt: »Ja, dann ist das das, was Ebru gesagt hat.« Sie steht auf, geht zur Tafel und schreibt »ist kulturell geprägt« an das Herz. Dann wendet sie sich wieder um. »Ich fand noch was anderes interessant«, sagt sie und führt aus, dass sie gerne noch den Gedanken mit dem »chemischen Prozess« aufnehmen würde. Sie wendet sich zur Tafel, fügt einen weiteren Strich hinzu und schreibt »ein chemischer Prozess« daran. Sie legt die Kreide ab, die Schüler:innen schreiben mit. Frau Winter geht zum Pult, setzt sich, wartet noch kurz und ruft Theresa auf.
> Deutsch Stufe 11, Gesamtschule

Auch in der folgenden Szene[15] sollen Hausaufgaben vorgelesen werden. Die Aufgabe war, dass für eine »Lieblingspizza« die Zutaten und deren Herkunft notiert werden sollten (vgl. zur Aufgabenstellung ▶ Kap. 4.1):

> »Felicitas, du wolltest lesen«, sagt Frau Kurze. »Ja«, antwortet Felicitas, schaut in ihre Mappe und beginnt aufzuzählen. »Für den Teig: Wasser, Mehl, Hefe.« Sie schaut hoch, Frau Kurze schreibt an, dann fährt sie fort: »Also das Wasser kommt aus der Wasserförderung.« Einige Schüler:innen beginnen zu lachen, besonders Franziska, die neben ihr sitzt, ist heftig am Kichern. Felicitas blickt um sich. »Ja, das füllen wir immer aus einer Quelle ab.« Das Kichern um sie herum steigt weiter an. »Wir gehen immer in den Wald zu so einer Quelle und holen da das Wasser.« (...) »Und wir

---

15 Eine ausführliche Analyse dieser Hausaufgabenbesprechung findet sich bei Fuhrmann (2022; 2020) sowie bei Akbaba, Bräu und Fuhrmann (2018), sodass im Folgenden nur ausgewählte Ergebnisse aufgegriffen werden.

machen immer noch Pesto drauf«, fügt Felicitas hinzu. Das Kichern steigert sich erneut. »Ja, Pesto, das ist aus Pinienkernen. Das ist so lecker, das machen wir immer selbst.« (...) – »Ok, Felicitas, noch was?« – »Also Käse. Das ist ein Gemisch aus Gouda und Büffelmozzarella.« Das Kichern der Schüler:innen nimmt erneut zu. »Aus der Milchindustrie«, fügt Felicitas hinzu, während Frau Kurze »Gouda«, »Käse« und »Milcherzeugnis« in eine neue Zeile schreibt. Erdkunde Klasse 6, Gymnasium (aus: Fuhrmann, 2022, S. 147)

- Wie läuft die Hausaufgabenbesprechung in den beiden Fällen jeweils ab? Was geschieht mit den vorgetragenen Ergebnissen?
- Wie reagieren die einzelnen Schüler:innen auf die Abläufe in der Hausaufgabenbesprechung?

Bei der Besprechung der Hausaufgabe im ersten Fall zur Frage »Was ist Liebe heute?« liest ein Schüler seine Ausarbeitung vor, in der er unterschiedliche Definitionen von Liebe und Perspektiven auf das Thema entfaltet. Im Anschluss werden die eingebrachten Informationen dann selektiert, indem die Mitschüler:innen nach einer Zusammenfassung in einem Satz gefragt werden. Die Antworten stellen ausgewählte Inhalte dar, die von den aufgerufenen Schüler:innen als relevant angesehen werden. In Rücksprache mit dem Vortragenden wird die Auswahl nochmals bestätigt, bevor sie schließlich an der Tafel festgehalten wird. Auch die Lehrerin fügt noch einen für sie relevanten Gesichtspunkt aus dem Text des Schülers hinzu, wenn sie Liebe als »ein chemischer Prozess« als weitere Definition im Tafelbild ergänzt.

Die Hausaufgabenbesprechung unterliegt einem stark selektiven Vorgehen, bei dem die Vielzahl an eingebrachten Ausdeutungen von Liebe auf drei an der Tafel notierte Endergebnisse reduziert wird. Gleichzeitig ruft dieses Vorgehen keinerlei Irritationen bei den Beteiligten hervor. Vielmehr gelingt es, im Wechselspiel aus den eingebrachten Informationen aus dem Text und deren Selektion durch das Plenum sowie die Lehrperson ein gemeinsames Tafelbild zu er-

9.2 Verwertung der Hausaufgabenbearbeitungen für das Unterrichtsgeschehen

stellen, in dem einige der Gesichtspunkte aus der Hausaufgabe festgehalten sind. Allerdings war die Ausarbeitung von David weit differenzierter. Was es davon allerdings nicht an die Tafel schafft, wird für den weiteren Unterricht keine Rolle mehr spielen – davon kann man ausgehen.

Ein ähnliches Vorgehen zeigt sich auch im zweiten Fall. Zunächst entspricht Frau Kurze dem Wunsch von Felicitas, ihre Hausaufgabenbearbeitung vorzulesen. Die Ergebnisse werden dann parallel zur Präsentation durch die Schülerin von der Lehrerin an der Tafel notiert. Neben den Zutaten soll auch deren Herkunft benannt werden, die von Felicitas detailliert erläutert werden. Mit ihren Ausführungen gibt die Schülerin vor der Klassenöffentlichkeit so auch einen Einblick in die Gewohnheiten der Familie beim Kochen und der Auswahl von Lebensmitteln. Bei den Mitschüler:innen rufen die Schilderungen der Essgewohnheiten allerdings Lachen hervor, wodurch sie als ungewöhnlich markiert werden. Das Lachen wird zum Ausdruck einer gemeinsamen Belustigung, wohingegen Felicitas als besonders herausgestellt und aus der Gemeinschaft exkludiert wird.

Die sich hier bereits andeutenden Entwicklungen verfestigen sich im weiteren Fortgang der Hausaufgabenbesprechung:

> »Okay«, sagt Frau Kurze und es wird ruhiger. »Da wurde etwas ganz Wichtiges vergessen. Was braucht man noch?« – »Hey!«, ruft Felicitas, rutscht auf ihrem Platz nach vorne und streckt energisch den Arm in die Höhe. (...) Frau Kurzes Aufmerksamkeit richtet sich auf die vorne sitzenden Schüler:innen, von denen einige sich nun melden. (...) Sie wendet sich zur anderen Seite. »Clemens?« – »Mehl.« – »Ganz genau, ohne Mehl kommt ihr nicht weit...« Sie wird von Felicitas unterbrochen. »Das habe ich gesagt«, ruft sie empört. »Du hast glaube ich Hefeteig gesagt«, sagt Franziska neben ihr halblaut. Felicitas fährt mit dem Finger in ihrem Heft entlang, bis sie die gesuchte Stelle gefunden hat. »Wasser, Mehl, Hefe«, ruft sie. »Es ist jetzt gut, Felicitas. Das kann sein, dann habe ich es nicht gehört. Das ist aber nicht schlimm, da muss man keine große Sache draus machen«, stellt Frau Kurze fest. Sie hat den Blick fest auf

9 Hausaufgabenbesprechungen

Felicitas gerichtet. Felicitas senkt den Kopf.
Erdkunde Klasse 6, Gymnasium (aus: Fuhrmann, 2022, S. 148 f.)

> - Welcher Konflikt zeigt sich im Verlauf der Hausaufgabenbesprechung? Auf welche Ursache(n) würden Sie diesen zurückführen?
> - Wie wird mit den Beiträgen von Felicitas und den Reaktionen der Mitschüler:innen umgegangen?

Die Lehrerin hinterfragt die Ausführungen von Felicitas im weiteren Verlauf der Hausaufgabenbesprechung in ihrer Vollständigkeit und steigert das angenommene Versäumnis noch, wenn sie sagt, Felicitas habe »etwas ganz Wichtiges vergessen«. Die Anmerkung ruft den Protest von Felicitas hervor, die allerdings von der Lehrerin nicht erneut aufgerufen wird. Stattdessen eröffnet Frau Kurze die Möglichkeit zur Benennung der vergessenen Zutat für alle Schüler:innen und vergibt sie schließlich an Clemens, dessen Antwort »Mehl« von ihr als richtig beurteilt wird. Felicitas ergreift daraufhin das Rederecht und klagt eine Anerkennung ihrer vollständigen Darstellung ein, indem sie betont, Mehl als Zutat benannt zu haben. Allerdings erhält sie dabei keine Unterstützung aus dem Kreis ihrer Mitschüler:innen, vielmehr relativiert Franziska den Einspruch und solidarisiert sich mit der Lehrerin. Felicitas bekräftigt ihren Protest stattdessen mit Hilfe ihres Heftes, das eine nachträgliche Überprüfung der vorgelesenen Inhalte ermöglicht und zum Beweis für die eingebrachte Zutat wird. Im Gegensatz zu Felicitas, deren Protest inhaltlich orientiert ist, bezieht sich die Lehrerin nun auf das Verhalten der Schülerin. Während sie den Einspruch von Felicitas als Fehlverhalten markiert, beurteilt sie ihr eigenes Versäumnis, »Mehl« nicht wahrgenommen zu haben, als nicht »schlimm«. Eine gute Leistung bemisst sich damit nicht nur an verwertbaren Antworten im Unterricht, sondern an einem Verhalten, das laut der Lehrerin nicht den Unterrichtsverlauf behindern soll. Der Einwurf von Felicitas wird als nicht kompatibel mit einer zügigen Verwertung der Inhalte aus der

9.2 Verwertung der Hausaufgabenbearbeitungen für das Unterrichtsgeschehen

Hausaufgabenbesprechung und einem Voranschreiten des Unterrichts entworfen. Die Besprechung entwickelt sich für Felicitas sowohl vor der Klasse als auch der Lehrerin zur Bloßstellung, was sich im Senken ihres Blicks äußert.

Die Fälle heben hervor, wie in Hausaufgabenbesprechungen aus den Bearbeitungen der Schüler:innen die relevanten Informationen für den weiteren Unterrichtsverlauf bestimmt werden. Für die Schüler:innen ist damit die Anforderung verbunden, die selektiven Auswahlprozesse mit nachzuvollziehen. Dazu zählt dann auch, aus dem Überschuss an eingebrachten Informationen einige wenige auszuwählen, die von der Lehrerin und/oder anderen Schüler:innen als relevant für den weiteren Unterricht angesehen werden. Eine Zuspitzung erfährt diese Anforderung bei Hausaufgaben mit Lebensweltbezug (► Kap. 4.1), wie dies in der Pizzaaufgabe eintritt, in der die Schüler:innen aufgefordert sind, Informationen aus dem familiären Kontext – hier in Form der Einkaufs-, Koch- und Essgewohnheiten – in die Bearbeitung einzubringen. Der persönliche Bezug in der Hausaufgabenbearbeitung schlägt sich bei Felicitas in sehr detailreichen Ausführungen nieder, steht damit jedoch einer pragmatischen Verwertung in der Hausaufgabenbesprechung entgegen, wie sie wiederum von der Lehrerin forciert wird.

Überdies kann die klassenöffentliche Preisgabe der privaten Informationen Kommentierungen durch Lehrpersonen sowie Mitschüler:innen hervorrufen, die sich hier v. a. in Form des Lachens äußern. Es zeigt sich somit die doppelte Schwierigkeit, dass mit der Hausaufgabenbesprechung dieser Aufgaben Privates nicht länger privat bleibt und zudem für Schüler:innen das Risiko der Entblößung besteht. Dies verstärkt sich weiter durch das selektive Vorgehen, bei dem einige der eingebrachten Informationen untergehen. Hausaufgaben sind somit nochmals stärker dahingehend auszuleuchten, welche Herausforderungen insbesondere durch beurteilende Dynamiken in der Besprechung für Schüler:innen entstehen und einer Würdigung der Bearbeitungen entgegenstehen könnten.

10 Hausaufgaben und Leistung

Hausaufgaben sind zwar »bei der Leistungsbeurteilung angemessen zu berücksichtigen« (§ 35, Verordnung zur Gestaltung des Schulverhältnisses (VOGSV) des Landes Hessen vom 19.8.2011), dürfen in den meisten Bundesländern jedoch nicht benotet werden. Dennoch wird über Hausaufgaben Leistung erhoben und bewertet. Wie dies geschieht, soll in zwei Unterkapiteln gezeigt werden. Zuerst werden Situationen der Hausaufgabenbesprechung untersucht, inwiefern dabei ›Leistung‹ aufgeführt und bewertet wird (▶ Kap. 10.1). Wir zeigen uns dabei einem Leistungsbegriff verpflichtet, der nicht zwischen Leistungserbringung und -bewertung trennt und von zwei aufeinanderfolgenden Phasen ausgeht, sondern der konstatiert, dass Leistung erst mit ihrer Bewertung erzeugt wird. Die vielleicht provokative These dieser sozialkonstruktivistischen Perspektive lautet: Ohne Bewertung gibt es keine schulische Leistung. Außerdem gehen wir davon aus, dass es im Unterricht fast unablässig zu direkten oder indirekten Leistungsbewertungen kommt und dass sich auch kleine Rückmeldungen über das Image, das ein:e Schüler:in hat, dann über mündliche Noten schließlich Teil von Zeugnisnoten werden (Kalthoff & Dittrich, 2016). Im zweiten Unterkapitel widmen wir uns den Hausaufgabenüberprüfungen (HÜ), die Hausaufgaben *ausdrücklich* zu notenrelevanten Leistungssituationen machen (▶ Kap. 10.2).

10.1 Imagepflege und Leistungszuschreibungen in Hausaufgabenkontrollen und -besprechungen

In diesem Unterkapitel wird anhand der folgenden Fälle dargestellt, wie Leistungsbewertungen in ganz alltäglichen Situationen rund um Hausaufgaben vorgenommen werden. Sowohl die Lehrpersonen als auch die Schüler:innen setzen die bearbeiteten Hausaufgaben dabei in ein Verhältnis zur Arbeit der Mitschüler:innen, beziehen sich auf vorherige Hausaufgabenbearbeitungen oder nehmen Kommentierungen vor. Wie sich dies konkret ausgestaltet, spiegelt sich in den folgenden Fällen wider.

Mehrarbeit und deren Bewertung

> Frau Fuchs fährt fort: »First I want to see the homework«. Sie wiederholt den Arbeitsauftrag. Als Hausaufgabe sollte aus zwei vorhandenen Abbildungen zur Diffusion eine ausgewählt und beschrieben werden. Lee ruft halblaut: »I described two« – »Even better«, antwortet Frau Fuchs.
>
> Bilingualer Biologieunterricht, Stufe 11, Gesamtschule

Vergleichen wir das mit folgender Szene, die aus der oben besprochen Unterrichtsstunde stammt, bei der »Zutaten einer Pizza und deren Herkunft« notiert werden sollten (▶ Kap. 9.2). Von der Lehrerin wird der Schüler Felix aufgerufen:

> »Felix?« – »Ich glaube, ich hab's falsch verstanden, ich habe auch noch die Regionen, wo die Zutat herkommt, aufgeschrieben.« – »Dann hast du mehr gemacht, als an dieser Stelle notwendig gewesen wäre.« Die Lehrerin ist weiter Felix zugewandt: »Aber mir fällt auf, das ist wie ein Déjà-Vu, also, dass ich das schon mal erlebt

habe. Wenn ich das hier so überblicke, dann wird sehr deutlich, dass du in letzter Zeit häufig die Sachen nicht richtig verstehst. Da ist immer irgendwas, das nicht richtig erledigt ist.« Felix hat den Blick gesenkt. Frau Kurze spricht weiter und zeigt dabei mit ihrem linken Arm auf die Tafel: »Hier für diese Hausaufgabe ist das nicht schlimm, aber du musst besser aufpassen!«
Erdkunde Klasse 6, Gymnasium (aus: Fuhrmann, 2022, S. 168)

- Welche Bedeutung erlangt die Mehrarbeit bei der Hausaufgabe in den beiden Fällen? Wie wird sie von den Schülern eingebracht und welche Reaktion zeigen die beiden Lehrpersonen?
- Wovon wird eine gute Leistung in dieser Stunde abhängig?

Der Schüler Lee im ersten Fall agiert geschickt, als er beiläufig in die Klasse ruft, dass er eine zusätzliche Aufgabe bearbeitet habe. Sein Ausruf – eine Imagepraktik –, mit der er sich als leistungsorientiert und fleißig präsentiert, basiert auf der Abgrenzung zum ursprünglichen Hausaufgabenpensum und damit – indirekt – auch zu den restlichen Schüler:innen, die gemäß der Aufgabenstellung nur eine Abbildung beschrieben haben.

In ihrem Kommentar bestärkt die Lehrerin Lee, indem sie seine Mehrarbeit als Steigerung über den erwarteten Standard hinaus markiert (»even better«). Dadurch stützt und anerkennt sie seine Selbst- und Außendarstellung als fleißiger Schüler und adressiert ihn als jemand, der »besser« als die Mitschüler:innen gearbeitet hat. Es wird so einer sozialen Bezugsnorm Geltung verliehen, mit der die Hausaufgaben im Vergleich zur Arbeit der Mitschüler:innen eine Beurteilung erfahren und darüber zu einer ›guten‹ Leistung werden.

Der Schüler Felix im zweiten Fall hat seine Hausaufgaben ebenfalls gemacht und noch zusätzliche Informationen recherchiert. Auch er könnte also als fleißig anerkannt werden, denn in beiden Fällen besteht die Ausgangslage darin, dass ein Schüler a) die Aufgabe nicht so bearbeitet oder verstanden hat wie aufgegeben, sondern b) Mehrarbeit leistet. Im Fall von Lee wird die Mehrarbeit als besonderer Fleiß

10.1 Imagepflege und Leistungszuschreibungen

und als »even better« von der Lehrerin gewürdigt. Felix hingegen wird eine mögliche positive Beurteilung verwehrt. Ein ›mehr Machen‹ bei den Hausaufgaben führt im Unterricht somit nicht automatisch zu deren guten Bewertung. Doch was entscheidet über die Anerkennung einer guten Leistung? Felix rahmt seine Bearbeitung nicht als fleißige Extraarbeit, sondern gibt an, die Aufgabe »falsch verstanden« zu haben. Im Unterschied zu Lee realisiert Felix damit keine Imagepflege eines »guten Schülers«. Er kennzeichnet die zusätzliche Arbeit als Resultat eines Missverständnisses, was im Folgenden auch von der Lehrerin aufgegriffen wird. Zwar stellt die Lehrerin zunächst eine Mehrarbeit fest, die sie jedoch als nicht »notwendig« markiert und anschließend in eine Reihe von Versäumnissen von Felix einordnet. Wiederholt (»déjà-vu«, »in letzter Zeit häufig«, »immer«) versteht und erledigt Felix etwas nicht richtig. Der Schüler erscheint so als unaufmerksam und resistent gegenüber den Anweisungen der Lehrerin. Mit der besonderen Hervorhebung des Missverständnisses um die Hausaufgaben und der Abwertung seiner Mehrarbeit als wiederholtes Versäumnis festigt die Lehrerin ein defizitäres Bild des Schülers. Selbst die zusätzliche Arbeit wird von diesen Einschätzungen aus früheren Erfahrungen überlagert und eine gute Leistung abgesprochen, die damit wiederum in das bestehende Bild passt, dass Felix ständig etwas nicht versteht. Die Einordnung der Mehrarbeit durch Felix selbst als »falsch verstanden« kann dann auch als Ausdruck der Übernahme vorangegangener negativer Einschätzungen und Beurteilungen der Lehrerin gedeutet werden.

In anderen Szenen von Hausaufgabenbesprechungen zeigt sich zudem, dass die (Leistungs-)Rückmeldung stark von der didaktischen Planung der Unterrichtsstunde abhängt (vgl. das Beispiel Merle in ▶ Kap. 9.2). Die Zusatzleistung von Felix erhält vermutlich auch deshalb keine Würdigung, weil sie für den weiteren Verlauf der geplanten Stunde nicht relevant ist. Um Hausaufgaben als eine gute Leistung anerkannt zu bekommen, wird es für Schüler:innen erforderlich, die Unterrichtsplanung von Lehrer:innen, und was für sie an diesem Tag wichtig ist, zu antizipieren. Innerhalb eines so engen und subjektiven Rasters ist eine erfolgreiche Umsetzung der Hausaufgabe für die Schüler:innen nicht nur sehr voraussetzungsreich, zudem werden auch Potenziale beschnitten, die sich mit den von Schüler:innen über die Hausaufgabe eingebrachten zusätzlichen Informationen im Unterricht entfalten könnten.

Leistung in Hausaufgabenbesprechungen

Die Hausaufgabe für die nachfolgende Stunde bestand im Schreiben einer Geschichte. Dabei sollte eine im Unterricht behandelte Fabel auf eine neue Situation übertragen werden, in der die Eigenschaften der Charaktere sowie die Moral in modifizierter Form aufgegriffen werden:

> »So, Nina, kannst du mal vorlesen?« Frau Kurze setzt sich auf den Stuhl hinter dem Pult, Nina liest ihre Hausaufgabe vor. In ihrer Geschichte geht es um eine Schülerin, die einsam ist und in ihrer Schule bisher wenige Freunde gefunden hat. In einer schwierigen Situation helfen ihr ein Junge und dessen Freunde aus dem Badmintonteam der Schule. Nina endet mit dem Satz, dass das alles nur möglich war, weil die Schülerin und die Schüler zusammengehalten und sich gegenseitig geholfen hätten. »Ohhh«, macht Tom leise und lacht, seine Anmerkung klingt spöttisch.
> Frau Kurze nickt und lächelt. Sie fragt, welche Parallelen es zu der Fabel mit der kleinen Blume gebe, und ruft Oliver auf. Oliver ordnet die Charaktere in Ninas Hausaufgabe den Figuren in der Fabel zu. (...) Frau Kurze nickt und setzt sich dann ans Pult. »Gut. Nina, da darf ich mir ein Plus für deine Hausaufgabe aufschreiben«, sagt sie und vermerkt sich etwas.
> Deutsch Klasse 6, Gymnasium (aus: Fuhrmann, 2022, S. 142 f.)

Etwas später in der gleichen Stunde soll Sofia ihre Geschichte vorlesen:

10.1 Imagepflege und Leistungszuschreibungen

Die Geschichte von Sofia handelt von Old Shatterhand und Schakalen, deren Blut er im Laufe der Geschichte trinkt. Mir erscheint die Geschichte für eine sechste Klasse ziemlich blutrünstig. Anscheinend empfindet Frau Kurze das ähnlich, sie steht mit verschränkten Armen im Mittelgang und hat die Stirn gerunzelt. (...) Sofia liest erneut eine Stelle vor, an der Old Shatterhand das Blut eines Schakals trinkt. Einige Schülerinnen und Schüler schütteln sich und verziehen das Gesicht. »Iiihhhh«, ist es aus einigen Richtungen zu hören. Sofia blickt hoch: »Ja, weil er kein Wasser hatte«, fügt sie erklärend hinzu. »Sofia, bitte«, unterbricht Frau Kurze sie. Sofia senkt den Kopf, blickt in ihr Heft und liest weiter. Als sie den letzten Satz vorgelesen hat, fragt Frau Kurze: »Sofia, ganz kurz, wo sind die Parallelen?« Sofia ordnet die Figuren in ihrer Geschichte den Charakteren aus der Fabel zu. »Dankeschön. ... So wir haben ja jetzt viele Geschichten gehört ...« beginnt Frau Kurze. »Nein«, unterbrechen sie einige Schülerinnen und Schüler mit Zwischenrufen. »Franziska?«, ruft Frau Kurze die Schülerin auf, die ihren Arm bei den vorherigen Worten der Lehrerin ruckartig in die Höhe gestreckt und die Hand mit erhobenem Zeigefinger nach links und rechts bewegt hat. »Wir wollen doch Sofia noch Rückmeldung geben«, sagt sie. »Okay, aber nur ganz kurz«, erwidert Frau Kurze. Franziska wendet sich zu Sofia: »Ich fand deine Geschichte schon gut, aber ganz schön brutal. Und da waren viele Tiere, die hatten gar nichts damit zu tun.« Frau Kurze nickt. Deutsch Klasse 6, Gymnasium (aus: ebd., S. 143 f.)

- Wie reagiert die Lehrperson, wie die Mitschüler:innen auf die präsentierten Hausaufgaben der Schülerinnen?
- Welche Kriterien werden von den beteiligten Personen geltend gemacht, um eine gute Leistung in der Hausaufgabe attestiert zu bekommen?

In der Geschichte von Nina im ersten Fall stellt die Schülerin einen Bezug zum schulischen Kontext und damit auch zu ihrem eigenen

Erfahrungsbereich her, wenn sie über Freundschaftsbeziehungen und dem Helfen unter Peers in der Schule schreibt. So wie die zentrale Stellung der Moral in der Fabel erfährt diese auch in den Beschreibungen im Protokoll eine explizite Betonung. Von Tom wird sie dann zum Anlass genommen, seine Belustigung offenkundig zu machen. Sein vorangegangenes »Ohhh« wird mit dem Lachen zum Zeichen von Spott, was sich als halböffentliche Kommentierung v. a. an seine Peers richtet.

Im Gegensatz zu dem von Tom geäußerten Spott macht Frau Kurze mit ihrem Nicken und Lächeln ihre positive Zustimmung zur Geschichte von Nina kenntlich. Nachdem Oliver Parallelen zwischen der Geschichte und der Fabel, an der sich die Ausführungen orientiert haben, benannt hat, nimmt Frau Kurze am Pult eine Beurteilung von Ninas Hausaufgabe in Form eines »Plus« vor. Zwar teilen vermutlich nicht alle Mitschüler:innen diese positive Einschätzung – wie angesichts der Belustigung anzunehmen ist –, doch gelingt es Nina, ihre Bearbeitung als ›gute‹ Leistung bei der Lehrerin anerkannt zu bekommen.

Anders verhält es sich bei Sofias Geschichte im zweiten Fall, die an einen Wildwestroman von Karl May angelehnt ist und das Überleben in der Prärie beschreibt. Vor der Lehrerin und ihren Mitschüler:innen zeigt sich Sofia mit dieser Darstellung als belesen, denn mit der Geschichte verweist sie darauf, den Inhalt des Romans zu kennen. Mit den Reaktionen der Lehrerin und der Mitschüler:innen, die die Geschichte u. a. als »blutrünstig« einstufen und von Ekelbekundungen begleiten, gerät Sofia unter Rechtfertigungsdruck, die Handlung in ihrer Geschichte näher zu erläutern (»Ja, weil er kein Wasser hatte«). Doch dies scheint wiederum nicht im Sinne der Lehrerin zu sein: Sie unterbindet die zusätzliche Erklärung und macht so die Anforderung geltend, das Vorlesen der Hausaufgabe zügig zu absolvieren (»Sofia, bitte.«).

Anders als nach Ninas Geschichte soll dann Sofia selbst, statt eine:r ihrer Mitschüler:innen, die Parallelen zwischen ihrer Geschichte und der Fabel benennen, was überdies »ganz kurz« erfolgen soll. Bevor die Geschichte dann mit dem kurzen »Dankeschön« von der Lehrerin ad

10.1 Imagepflege und Leistungszuschreibungen

acta gelegt werden kann, fordert Franziska ein, Sofia eine Rückmeldung zu ihrer Hausaufgabe zu geben, was offensichtlich eine Routine in der Klasse ist. Die Hausaufgabe wird nicht nur vorgelesen und gegebenenfalls von der Lehrerin kommentiert, sondern auch von den Mitschüler:innen geprüft und bewertet.

Die von Franziska formulierte Rückmeldung ist ambivalent. Einerseits lobt sie die Geschichte, andererseits macht sie auch eine Einschränkung kenntlich, so ist die Geschichte »ganz schön brutal«. Brutalität wird dabei als Merkmal hervorgehoben, das den unterrichtlichen Kriterien einer guten Geschichte nicht entspricht, diesen sogar entgegensteht, wenn es die Qualität der Geschichte und die dementsprechend gute Beurteilung zu schmälern vermag. Gleichzeitig scheint für Franziska in den ›brutalen‹ Ausführungen der Geschichte auch ein genussvolles Moment zu liegen, wenn sie die Geschichte als »*ganz schön* brutal« einordnet. Die Geschichte von Sofia ist gewissermaßen ›schaurig schön‹ und besitzt darin einen willkommen »Unterhaltungswert« (Breidenstein, 2006, S. 260). Zwar stellt die Brutalität eine Einschränkung dar, doch garantiert sie gleichzeitig ein Vergnügen im Zuge der Hausaufgabenpräsentation.

Anhand der Fälle wird somit deutlich, dass in den alltäglichen Situationen der Hausaufgabenkontrolle und -besprechung den einzelnen Schüler:innen Leistung über ihre Hausaufgabe attestiert wird. Neben der Lehrperson nehmen Mitschüler:innen ebenfalls eine Beurteilung der Hausaufgabe über Zwischenrufe oder halblaute Kommentierungen sowie ein offizielles Feedback im Plenum vor. Die Schüler:innen zeigen sich dabei kompetent in der Vergabe von Rückmeldungen, sie besitzen ein Wissen über die Kriterien, die für die Anerkennung der Hausaufgabe im Unterricht Geltung besitzen. Überdies machen sie auch eigene, peerkulturelle Kriterien geltend, an denen die Hausaufgabenbearbeitungen ihrer Mitschüler:innen gemessen werden. Im Zuge dieser Bewertungsmechanismen kann es allerdings auch zu Abwertungen von Hausaufgaben kommen. Den Bearbeitungen wird dann keine Würdigung im Unterricht gewährt, wenn sich Beurteilungsdynamiken Bahn brechen, die geleitet sind von negativen Einschätzungen oder wenig flexiblen Kriterien, welche

Informationen für den Unterricht nutzbar sind. Daran lassen sich verschiedene weiterführende Fragen für die Unterrichtspraxis formulieren, z. B.: Wie lässt sich eine Würdigung der Hausaufgabenbearbeitungen trotz unterrichtlicher Bewertungen realisieren? Auf welche anderen Weisen könnten die Ausarbeitungen der Schüler:innen noch im Unterricht aufgegriffen werden (statt diese vorlesen zu lassen und kurzes Feedback darauf zu geben)?

10.2 Schriftliche Hausaufgabenüberprüfungen

Hausaufgabenüberprüfungen (»HÜ«) sind kurze, schriftliche Tests im Unterricht, mit denen Hausaufgaben abgefragt und in eine benotete Leistung überführt werden. Da nicht gewährleistet werden kann, dass die Bearbeitung von Hausaufgaben außerhalb des Unterrichts eigenständig, ohne Hilfe weiterer Personen oder Medien angefertigt wurde (▶ Kap. 6), kann eine dennoch vorgenommene individuelle Leistungszuschreibung als ungerecht empfunden werden. Insofern kommen Tests in Frage, die im Unterricht stattfinden und die den Lehrstoff der Hausaufgaben beinhalten. Inwiefern dies dann Gerechtigkeit angesichts der zuvor in unterschiedlichem Ausmaß genossenen Unterstützung gewährleistet, sei dahingestellt. HÜ verlangen jedoch, dass die Hausaufgabeninhalte noch einmal im Unterricht unter Aufsicht der Lehrperson präsentiert werden müssen. Dabei wird vorausgesetzt, dass eine gut bzw. richtig bearbeitete Hausaufgabe in der HÜ so reproduziert werden kann, dass eine gute Leistung bescheinigt wird. Die Logik ›Wer Hausaufgaben gemacht hat, wird auch die HÜ gut meistern‹ muss allerdings in Frage gestellt werden. Das liegt nicht zuletzt daran, dass die Richtigkeit von Hausaufgaben und die Qualitätskriterien v. a. in den sprachlichen und gesellschaftswissenschaftlichen Fächern oft nicht eindeutig sind: Sollen nur Stichworte aufgeführt werden oder ganze Sätze? Sollen Begründungen gegeben werden oder reicht eine Antwort? Worauf

10.2 Schriftliche Hausaufgabenüberprüfungen

soll die Aufgabe hinauslaufen, was ist der Fokus (vgl. das Beispiel von Felix in ▶ Kap. 10.1)? Wie ausführlich ist die Bearbeitung gedacht? Solche Fragen werden erst endgültig in der Besprechung der Hausaufgabe geklärt. Insbesondere die Lehrperson entscheidet dabei, welche Inhalte für den Unterricht als passend und verwertbar eingestuft werden, und spiegelt dies den Schüler:innen über ihre jeweiligen Rückmeldungen. Die Angemessenheit der Hausaufgabenbearbeitung wird somit erst durch die Lehrperson in der Besprechung und geleitet durch ihre Erwartungen festgelegt und autorisiert (Fuhrmann, 2022, S. 155; Zaborowski, Meier & Breidenstein, 2011, S. 159). Wenn eine HÜ nun vor der Besprechung Hausaufgaben abfragt, wird die ›Leistung‹ der Schüler:innen durch ihre Fähigkeit, die Erwartung der Lehrperson zu antizipieren, mitbestimmt (vgl. auch Gellert & Hümmer, 2008). Entschärft werden kann dieses Risiko, indem überprüft wird, ob die Aufgabe (als Hausaufgabe und/oder Aufgabe einer HÜ) präzise formuliert und für alle Schüler:innen mit den im Unterricht behandelten Inhalten zu erschließen sind.

Im Folgenden sollen ein paar Unterrichtsszenen im Hinblick auf erkennbare und verdeckte Funktionen von Hausaufgabenüberprüfungen analysiert werden (siehe auch Bräu & Breit, 2023; Fuhrmann, Bräu & Breit, 2023).

> Lehrer: »Okay, die, die das jetzt noch nicht haben, bitte unbedingt abschreiben! Wir schreiben morgen eine HÜ zu dem Thema!« Ein paar Schüler:innen fangen an zu meckern, ein Schüler ruft: »Geht nicht erst nächste Woche?« Lehrer: »Wir haben das jetzt schon ziemlich oft geübt, und ihr hattet auch schon ein paar Hausaufgaben dazu auf. Ich will nur sehen, ob das jetzt alle auch wirklich verstanden haben«. Am nächsten Tag: In der Klasse herrscht große Aufregung und Unruhe. Der Lehrer wird schon vor der Tür in Empfang genommen und gebeten, die HÜ über die Zahlen zu verschieben. Der Lehrer äußert sich nicht konkret und sagt nur, dass sie sich jetzt nicht so viele Gedanken machen sollen.
> Französisch Klasse 7, Gymnasium (aus: Bräu & Breit, 2023, S. 126)

> In einer anderen Klasse: Nachdem die Lehrerin uns Praktikantinnen den Schüler:innen vorgestellt hat, verkündet sie, dass nun eine 15-minütige HÜ geschrieben werde, aber dass die ›DaZ-Kinder‹ nicht mitschreiben müssten und stattdessen ihr Buch aufzuschlagen und etwas zum Thema Pilze zu lesen hätten. Daraufhin steigt der Geräuschpegel in der Klasse stark an und mindestens zwei der Schüler:innen, die in den hinteren Reihen der Klasse sitzen, rufen »Ich bin DaZ«.
> Biologie Klasse 7, Integrierte Gesamtschule (aus: ebd., S. 124)

- Welche Funktionen haben aus Ihrer Sicht angekündigte und unangekündigte HÜ?
- Der Lehrer im ersten Abschnitt nennt eine Begründung/Funktion der HÜ, die er für den nächsten Tag ankündigt: Er wolle sehen, ob alle den Stoff verstanden haben. Was ist Ihre Einschätzung? Kann die HÜ eine solche Funktion erfüllen?
- Warum sind die Schüler:innen unruhig, wenn eine HÜ angekündigt wird?

Schauen wir zuerst auf die in beiden Ausschnitten deutlich werdende Unruhe: Die Aufregung in beiden Klassen rührt von einer angekündigten Hausaufgabenüberprüfung. Die Schüler:innen scheinen sich im ersten Fall zu sorgen, ob sie die Zahlen auf Französisch schon so weit beherrschen, dass ein gutes Ergebnis erreichbar ist. Sie bitten um Verschiebung des Tests und damit um die Möglichkeit, sich noch besser vorbereiten zu können. Die Überprüfung wird von den Schüler:innen als Leistungssituation anerkannt und ernstgenommen, bei der alle möglichst gut abschneiden möchten und, wenn das fraglich wird, »große Aufregung und Unruhe« entsteht. Der Lehrer hingegen spielt die Bedeutung herunter, die Klasse solle sich nicht so viele Gedanken machen. Dies korrespondiert mit der geringen Bedeutung, die HÜ in den Schulgesetzen und Verwaltungsvorschriften haben (ausführlicher: Fuhrmann, Bräu & Breit, 2023). Nur in einigen Bundesländern werden Dauer und Inhalt geregelt, in anderen Bundes-

10.2 Schriftliche Hausaufgabenüberprüfungen

ländern fallen HÜ unter ›sonstige Leistungen‹ ohne weitere Ausführungen. Aus Sicht der Lehrer:innen mag es ein kleiner und wenig bedeutsamer Test sein, für die Schüler:innen ist es ein Element von mehreren, das am Ende des Schuljahres über ihre Note, evtl. über Versetzung oder Abschluss mitentscheidet.

Die Besonderheit im zweiten Fall besteht darin, dass eine Gruppe in der Klasse, nämlich die, die Deutsch als Zweitsprache lernen, von der HÜ ausgeschlossen wird. Dies scheint als Privileg gedeutet zu werden, denn mehrere Schüler:innen bezeichnen sich daraufhin schnell und laut als »Ich bin DaZ«. Ein Vorteil, eine HÜ nicht mitschreiben zu müssen, ist es dann, wenn kein gutes Ergebnis zu erwarten ist. Auch hier zeigt sich also die Sorge vor einer schlechten Beurteilung bzw. die Erleichterung, wenn man davon entbunden wird. HÜ werden von Schüler:innen also als Leistungssituationen gefürchtet und ein Aufschub (erster Fall) oder ein Entbinden (zweiter Fall) von dieser Anforderung erscheint attraktiv. Der Funktion, Noten zu bekommen, die letztlich eine Selektionsfunktion einnehmen, wird von den Schüler:innen deutlich mehr Bedeutung zugemessen als vom Gesetzgeber und den Lehrpersonen. Es betrifft die Schüler:innen ja auch individuell, denn jede Leistungssituation birgt die Gefahr, zu scheitern bzw. keine gute Beurteilung zugesprochen zu bekommen, und dies wird zu vermeiden versucht.

Nun zur Begründung des Französischlehrers, er wolle »nur sehen, ob das jetzt alle auch wirklich verstanden haben«. Genau genommen können dabei zwei, vielleicht auch drei, Funktionen angenommen werden: Zum einen soll der Lehrerfolg evaluiert werden. Wenn der Lehrer mit der HÜ erkennt, dass ein größerer Teil der Klasse die Zahlen auf Französisch noch nicht ausreichend beherrscht, könnte er die Zeit verlängern, das zu üben, oder er könnte seine Methoden überdenken. Zum anderen ist es aber auch eine individuelle Diagnose, also inwiefern jede:r Einzelne den Stoff beherrscht. Konsequenzen aus dieser Erkenntnis könnten individualisierte bzw. differenzierende Aufgaben, Übungen oder Förderunterricht sein, bei denen diejenigen, die Nachholbedarf haben, Gelegenheit zum Üben bekommen. Für beide Funktionen wäre allerdings keine Benotung nötig. Die individuelle Diagnose wäre für eine adaptive Förderung geeignet; wird sie aber mit einer Note versehen, tritt beides – die Lehrevaluation und die Individualdiagnose – in den Hintergrund. Die Begründung des Lehrers verdeckt damit die eigentliche Funktion, dass nämlich der Leistungsstand mit einer selektionsrelevanten Note versehen werden soll. Die Schüler:innen verstehen diese verdeckte Funktion durchaus, wenn sie um die Verschiebung der HÜ und damit um eine längere Vorbereitungszeit bitten. Schließlich scheint auch eine Disziplinierungsfunktion in der Begründung des Lehrers durch: »Wir haben das jetzt schon ziemlich oft geübt, und ihr hattet auch schon ein paar Hausaufgaben dazu auf.« Der unausgesprochene Subtext könnte lauten: ›Wer das nicht ernstgenommen hat, ist selbst schuld. Eine HÜ soll euch künftig dazu bringen, Hausaufgaben zu machen.‹ Eine solche disziplinierende Funktion von HÜ, über die von Schüler:innen eingefordert wird, Hausaufgaben zu erledigen und sich mit deren Inhalten auseinanderzusetzen, entfaltet sich auch im nächsten Fall.

Vor Beginn der Unterrichtsstunde fragen mehrere Schüler:innen ihre Sitznachbarn, was die Hausaufgabe war. Dabei war die übereinstimmende Antwort »Wir hatten nichts auf«. Nachdem die Lehrerin die Klasse begrüßt hat, sagt sie: »Kommen wir zu den Hausaufgaben.« Die Schüler:innen beginnen unruhig zu murmeln, bis ein Schüler in die Klasse ruft: »Wir hatten doch gar keine Hausaufgaben«. Die Lehrkraft antwortet: »Ihr solltet euch die Aufgaben aus der letzten Stunde noch einmal anschauen und überlegen, wo es Fragen gibt.« Einige murmeln ein leises »Ach so«. Lehrerin: »Ist euch bei den Aufgaben irgendetwas aufgefallen? Wo gibt es Probleme?« Eine Schülerin meldet sich: »Ich habe oft nicht gesehen, dass es verschiedene Einheiten gibt, und habe das Umrechnen vergessen«. – »Genau, das ist ein wichtiger Hinweis, ihr müsst immer darauf achten, welche Maßeinheiten gegeben sind, und diese umrechnen, bevor ihr mit dem Aufstellen der Gleichungen beginnt. Wem ist noch etwas aufgefallen?« Niemand meldet sich, worauf die Lehrerin wieder das Wort ergreift: »Habt ihr die Aufgaben alle verstanden?«. Einige Schüler:innen nicken

10.2 Schriftliche Hausaufgabenüberprüfungen

kurz. »Gut«, sagt die Lehrerin, »dann räumt die Hefte vom Tisch, wir schreiben eine HÜ.« Paul: »Oh nein, wir sind mit dem Thema doch noch gar nicht fertig, ich hab das noch nicht alles verstanden.« Lehrerin: »Ihr hattet eben die Gelegenheit, alle Fragen zu stellen, und wir hätten uns die Aufgaben, bei denen ihr euch nicht sicher seid, nochmal anschauen können. Für diejenigen, die sich die Aufgaben zu Hause noch einmal angeschaut haben, dürfte die HÜ kein Problem sein. Und jetzt Ruhe, ich teile die Blätter aus«.
Mathematik Klasse 8, Gymnasium (aus: Bräu & Breit, 2023, S. 127 f.)

- Wie kommt es dazu, dass die ganze Klasse davon ausgeht, keine Hausaufgaben gehabt zu haben, die Lehrerin aber Hausaufgaben besprechen möchte?
- Welche Vor- und Nachteile sehen Sie in einem Unterrichtsverlauf, in dem Schüler:innen zunächst Gelegenheit gegeben wird, Fragen zum Thema zu stellen bzw. Probleme bei den Aufgaben zu benennen, und dann, als sich niemand mehr meldet, eine unangekündigte HÜ geschrieben wird?

Noch bevor die Lehrerin in der Klasse ist, wird unter den Schüler:innen geklärt, was die Hausaufgabe war. Die Frage danach ergibt nur Sinn, wenn man selbst keine Hausaufgabe gemacht hat (sonst wüsste man ja, was auf war) und man entweder hofft, dass es keine Hausaufgaben gab, dass man noch schnell die Lösungen abschreiben oder dass man sich eine Begründung für die fehlende Hausaufgabe ausdenken kann. Die Stundenübergangssituation ermöglicht einen solidarischen Austausch unter den Peers. Tatsächlich sind sich alle einig, dass es keine Hausaufgaben gegeben habe, sodass die Ankündigung der Lehrerin, die Hausaufgaben besprechen zu wollen, die Klasse verwundert. Die Lehrerin ist sich aber sicher und nennt die Aufgabe: Alle sollten »überlegen«, ob sie noch Fragen zu den Aufgaben der letzten Stunde haben. Entweder hatte niemand in der Klasse dies als Hausaufgabe mitbekommen oder niemand hat sie als Hausaufgabe anerkannt: »Ach so«. Hausaufgaben, die keine schriftlichen Ausführungen erfordern, werden offensichtlich kaum als solche wahrgenommen. Die Lehrerin hält aber weiter an der Hausaufgabe fest und erfragt Probleme mit der Thematik (es geht um das Umrechnen von Maßeinheiten). Bis auf eine Meldung einer Schülerin werden keine weiteren Probleme – auch nach nochmaliger Rückfrage der Lehrerin – genannt. Einige Schüler:innen bestätigen durch Nicken, dass sie die Aufgaben verstanden haben. Die Lehrerin hat sich also aus ihrer Sicht vergewissert, dass es keine weiteren Fragen und keine Probleme mit den Aufgaben gibt. Sie erwartet dabei ein hohes Maß an Selbstreflexion und Eigeninitiative von den Schüler:innen.

Allerdings räumt sie gerade durch ihr mehrmaliges Nachfragen ein, dass das Unterrichtsthema – trotz des Schweigens bei den Schüler:innen – nicht umstands- und problemlos verstanden wird. Mit dem Abschluss der Besprechung nimmt sie so auch ein Scheitern von denjenigen Schüler:innen in Kauf, die noch nicht vollständig die Aufgabe durchdrungen haben. Nachdem die HÜ dann angekündigt ist, verleiht der Schüler Paul genau diese Befürchtung Ausdruck, indem er nun offenlegt, das Thema noch nicht ganz verstanden zu haben. Damit kennzeichnet er auch das vorherige Schweigen als keine zuverlässige Auskunft für das Verstehen der Aufgabe.

Weil Leistungsbewertungen in Form von Rückmeldungen, Kommentierungen und Einschätzungen in Schule fast immerzu stattfinden, Schule also beständig einer Leistungsordnung folgt (Breidenstein & Thompson, 2014), birgt das Offenbaren von Verständnisschwierigkeiten die Gefahr, negativ bewertet zu werden. Da mündliche Noten viele Lernsituationen begleiten und diese daher meist nicht eindeutig von Leistungssituationen abgesetzt werden, ist für die Schüler:innen nur schwer erkennbar, ob man Verständnisschwierigkeiten zeigen kann oder ob (wiederholtes) Nichtverstehen zu einem negativen Leistungsimage beiträgt (Bräu & Fuhrmann, 2019). Auch wenn es die Lehrerin ernstgemeint hat, dass sie Fragen zu den Aufgaben ohne implizite Bewertung klären möchte, wird dies von dem Großteil der Schüler:innen nicht genutzt – und die Annahme liegt nahe, dass sie sich nicht als unwissend und langsame Lerner:innen darstellen mochten. Während die Lehrerin die erste Unter-

10.2 Schriftliche Hausaufgabenüberprüfungen

richtssequenz als reine Lernsituation und die HÜ als davon abgrenzbare Leistungssituation rahmt, entspricht es der Erfahrung von Schüler:innen, *jede* unterrichtliche Lernsituation auch als Leistungssituation zu verstehen und daher den Eindruck von ›Leistungsschwäche‹ selbst dann zu vermeiden, wenn wie im gezeigten Fall Verstehensprobleme ausdrücklich besprochen werden sollen.

Die Sorge von Schüler:innen vor schlechten Bewertungen kann damit einer inhaltlich orientierten Auseinandersetzung und einer Durchdringung von Hausaufgaben entgegenstehen. In Anbetracht solcher Dynamiken wäre zu überlegen, wie eine Besprechung und Bewertung von Inhalten voneinander entkoppelt werden könnten und insbesondere, ob eine Leistungsüberprüfung zu der Hausaufgabe überhaupt erforderlich ist. Denn eine gute Leistung in der Überprüfung wird so auch davon abhängig, welche Schüler:innen bei der Hausaufgabenbearbeitung die Hilfsmittel oder -personen haben, die Aufgaben trotz Problemen erfolgreich zu lösen.

HÜ sind eine geläufige Praxis von Leistungsüberprüfungen, die kürzer und weniger umfangreich als Klassenarbeiten sind. Gleichwohl bedeuten sie für die Schüler:innen Leistungsstress, wenn sie befürchten müssen, schlechte Noten zu bekommen. Denn auch gemachte Hausaufgaben sind keine Gewähr für eine gute Leistung in einer HÜ. Und selbst wenn eine HÜ eine diagnostische Funktion erfüllen, sie also Auskunft über den Wissensstand geben soll, die dem: der einzelnen Schüler:in (und seinen:ihren Eltern) eine Orientierung über das Verständnis bestimmter Aufgaben geben mag, schwingt im Hintergrund eine Disziplinierungsfunktion mit: Nicht zuzuhören, was zu Hause getan werden soll, keine Vorbereitung auf den Unterricht und fehlender Mut, Fragen zu stellen, drohen dann, mit schlechten Noten bestraft zu werden.

In jedem Fall sollten sich Lehrer:innen über die (verschiedenen) Funktionen einer HÜ, die sie schreiben lassen, im Klaren sein. Wenn es tatsächlich v. a. um die diagnostische Funktion geht, wer was schon gut oder noch nicht verstanden hat, oder darum, den eigenen Lehrerfolg zu überprüfen, sind Überlegungen angebracht, ob dies unangekündigt sein muss und ob Noten unausweichlich sind.

11 Fazit

In den vorangegangenen Kapiteln sind einige Themen bzw. Probleme immer wieder in Erscheinung getreten, die gewissermaßen quer zu den einzelnen Phasen des Hausaufgabenzyklus liegen. Davon möchten wir abschließend ausgewählte Themenfelder aufgreifen:

- die Thematik der ungleichen Voraussetzungen beim Hausaufgabenmachen und der Reproduktion von Ungleichheit im schulischen Hausaufgabenkontext,
- die Frage, inwieweit mit Hausaufgaben individuell zurechenbare Leistung gemessen, bewertet und dokumentiert wird,
- das den Schüler:innen latent oder offen entgegengebrachte Misstrauen im Zusammenhang mit Hausaufgaben,
- die Frage, ob Hausaufgaben das inhaltliche Lernen stützen sollen oder doch eher erzieherische Funktionen erfüllen und
- Überlegungen, welche Rolle die Selbstständigkeit der Schüler:innen spielt oder überhaupt spielen kann.

Die Zusammenfassung zentraler Aspekte dieser Themenfelder soll vergegenwärtigen, welche besonderen Herausforderungen die Hausaufgabenpraxis an die Beteiligten stellt, und zu weiterführenden Diskussionen anregen.

Ungleichheit

Es ist hinlänglich bekannt, dass es der Schule kaum gelingt, soziale Ungleichheit zu kompensieren und gleichwertige Bildungschancen für alle Schüler:innen zu eröffnen, vielmehr werden Ungleichheitsverhältnisse durch schulische Prozedere noch verstärkt (z. B. Vester, 2006). Im Zusammenhang mit Hausaufgaben, die außerhalb des Unterrichts erledigt werden, kann davon ausgegangen werden, dass die familialen Bedingungen einen großen Einfluss auf die Qualität der gemachten Hausaufgaben haben: Gibt es einen ungestörten Ort, an dem die Hausaufgaben gemacht werden können? Gibt es Personen zu Hause, die beim Hausaufgabenmachen helfen können oder die die Vollständigkeit und Richtigkeit überprüfen? Hat das Kind bzw. der: die Jugendliche Aufgaben im Haushalt oder in der Betreuung von Geschwistern zu erledigen oder muss sich Sorgen um die Eltern machen? Ist das Kind/der:die Jugendliche in die Klassengemeinschaft integriert und/oder in Freundschaftsbeziehungen eingebunden, sodass an die Gleichaltrigen Fragen gestellt oder dass Hausaufgaben als Ganzes zur Verfügung gestellt werden können?

Wenn dann im Unterricht bei den Hausaufgabenkontrollen und -besprechungen ungleiche Voraussetzungen ignoriert oder nicht bedacht werden, kann dies leicht dazu führen, dass die eher Begünstigten dabei in einem besseren Licht dastehen als diejenigen, die auf weniger Unterstützung zurückgreifen können oder größere Hürden überwinden müssen. Aber was ist die Alternative? Sicher ist es sinnvoll, in der Schule selbst eine Hausaufgabenbetreuung anzubieten oder im Rahmen einer gebundenen Ganztagsschule auf Hausaufgaben zu verzichten und stattdessen Lernzeiten einzurichten, in denen Aufgaben selbstständig bearbeitet werden sollen. Mit einer solchen Institutionalisierung von Hausaufgaben innerhalb der Schule wird eine Beschäftigung mit schulischen Inhalten außerhalb des Unterrichts dann nicht von ungleich verteilten Ressourcen abhängig und in den Verantwortungsbereich des Elternhauses übergeben.

Leistungen

Wir haben gezeigt, dass Hausaufgaben direkt oder indirekt zu Leistungsnachweisen werden. Die HÜ ist hierfür die offizielle Form, das im Unterricht abzufragen, was über Hausaufgaben zu lernen war. Problematisch ist dabei zweierlei. Erstens wirken sich die Bedingungen, unter denen die Hausaufgaben gemacht oder nicht gemacht wurden, auch auf eine solche Hausaufgabenüberprüfung aus. Selbst wenn man nun auf sich gestellt die Aufgaben der HÜ bearbeiten muss, wirkt eine eventuelle Unterstützung bei den Hausaufgaben nach. Zweitens bedarf es für eine gute Leistung mehr, als die Hausaufgaben gemacht zu haben. Man muss zudem antizipieren, was genau die Lehrperson als Lösung erwartet und in welcher Form es präsentiert werden soll. Was ist zu viel? Was ist zu wenig? Für Schüler:innen wird die Bearbeitung und auch die Besprechung von Hausaufgaben zur Gratwanderung, bei der es darum geht, genau zu erkennen, was sich für den Unterricht als verwertbar erweist. Relevant wird dies insofern, als dass Hausaufgaben dazu beitragen, bestimmte Leistungsvorstellungen über Schüler:innen aufzurufen oder zu festigen. Wer gilt als sorgfältig und gut organisiert? Wessen Ergebnisse sind zielführend für die Weiterarbeit im Unterricht? Um solchen weitgehend unbewusst vorgenommenen Beurteilungen entgegenzuwirken, kann die unterrichtliche Hausaufgabenpraxis auf ihre grundsätzliche Ausrichtung und damit verbundenen Anforderungen befragt werden: Inwieweit müssen Hausaufgaben immer schon richtig sein? In welcher Weise könnten die Besprechungen im Unterricht gerade umgekehrt dazu dienen, in einer fehlerfreundlichen Atmosphäre Nichtverstandenes zu wiederholen und zu klären, ohne dass es sich indirekt als gute oder weniger gute Leistung manifestiert?

Misstrauen

Die Hausaufgabenpraxis ist oftmals durch ein latentes Misstrauen geprägt. So wird mit unterschiedlichen Methoden geprüft, wer die Hausaufgaben gemacht hat und wer nicht, und versucht, eine Verschleierung nicht gemachter Hausaufgaben aufzudecken. Es werden legitime Gründe für das Nichtvorhandensein von ›Ausreden‹ unterschieden und es wird versucht zu entlarven, ob jemand bei jemand anderem abgeschrieben bzw. illegitime Unterstützung in Anspruch genommen hat oder ein Plagiat (aus dem Internet) vorlegt. Möglich, dass fehlende Kontrollen und Sanktionen dazu führen, dass kaum noch Hausaufgaben gemacht werden. Dennoch ist zu überlegen, welchen sozialen Preis und welche negativen Folgen es hat, Schüler:innen in Hausaufgabenkontrollen keine wahrheitsgemäßen An-

gaben und mangelndes Engagement zu unterstellen. Auf Seiten der
Schüler:innen wird dadurch ein besonders strategischer Umgang mit
Hausaufgaben eingeübt, zudem werden die Hausaufgaben selbst als
wenig lohnenswert gekennzeichnet, wenn ihre Nichterledigung bereits angenommen wird. Und auch für die Lehrer:innen bedeuten die
Kontrollen einen enormen Aufwand, zumal sie quasi immer auf der
Hut sein müssen, keiner Täuschung zu erliegen. Dieses Katz-und-
Maus-Spiel stärkt weniger die inhaltlichen Potenziale von Hausaufgaben, sondern rücken das Erzieherische in den Vordergrund.

Erziehung statt Inhalt?

Das ist provokativ formuliert. Denn die einschlägige Literatur lehrt
uns, dass Hausaufgaben erzieherische *und* fachliche Funktionen erfüllen sollen. Allerdings erlangen die erzieherischen Aspekte eine
hohe Bedeutung, da sie nicht selten so viel Zeit einnehmen, dass sie
die inhaltlichen Aspekte überlagern. Erzogen wird v. a. dahingehend,
bei nicht gemachten Hausaufgaben ehrlich zu sein und Konsequenzen
in Form von Sanktionen tragen zu müssen, aber auch, die Hausaufgaben stets so sorgfältig zu machen, dass man nicht von einer unangekündigten HÜ oder dem Aufgerufenwerden bei der Besprechung
negativ überrascht wird. Hier könnte man auch von einer disziplinierenden Funktion sprechen und noch mehr, wenn Hausaufgaben
als Strafe zur Verhaltensregulierung eingesetzt werden. Erzieherisch
wird bisweilen auch darauf eingewirkt, dass die Hausaufgaben unter
den Mitschüler:innen nicht voneinander abgeschrieben werden.
Nicht alle dieser Erziehungsmaßnahmen sind vereinbar mit höheren
Erziehungs- und Bildungszielen, wie sie etwa Klafki (2007, S. 52) als
Selbstbestimmungsfähigkeit, Mitbestimmungsfähigkeit und Solidarisierungsfähigkeit formuliert hat.

Selbstständigkeit

Vielleicht das beste Argument für Hausaufgaben ist, dass sie selbstständiges Lernen und Arbeiten befördern (sollen). Und diese Selbst-

11 Fazit

ständigkeit sehen wir nicht nur im eigenständigen Denken und Schreiben an Aufgaben, sondern auch im gemeinsamen, kooperierenden Austausch, in guter Recherche, ja, auch im intelligenten Einsatz von KI. All dies kann guter Unterricht leisten und manchmal können es auch Hausaufgaben. Allerdings sind bei ihnen die beschriebenen (unerwünschten) Nebenwirkungen nicht zu unterschätzen. Insofern gälte es, die positiven Wirkungen einer Bildung zur Selbstständigkeit mit einem Verzicht auf Disziplinierung, Misstrauen und Verstärkung von Ungleichheit zu verbinden. Auch wenn die (gebundene) Ganztagsschule z. B. durch selbstständige Lernzeiten, Projektunterricht, Förderunterricht, Zusatzangebote und andere Formate diese Ziele verfolgt, löst sie das empirisch auch nicht völlig ein. Vielleicht geht es nicht um »Hausaufgaben ja oder nein«, sondern um das Erkennen und Vermeiden der beschriebenen Nebenwirkungen. Wir hoffen, dass die Analysen und Diskussionen dazu Anregungen geben konnten und dabei helfen, auf eine Hausaufgabenpraxis hinzuwirken, die kein Anlass für Konflikte ist, sondern Erfolgserlebnisse verspricht und Impulse für inhaltlichen Austausch gibt.

Literatur

Akbaba, Y., Bräu, K. & Fuhrmann, L. (2018): Schulische Aufgaben mit Lebensweltbezug. Nebenwirkungen jenseits didaktischer Absichten. In: M. Martens, K. Rabenstein, K. Bräu, M. Fetzer, H. Gresch, I. Hardy & C. Schelle (Hrsg.), Konstruktionen von Fachlichkeit: Ansätze, Erträge und Diskussionen in der empirischen Unterrichtsforschung (S. 247–259). Bad Heilbrunn: Klinkhardt.

Al Anabtawi, R. (2022): Die Reproduktion sozialer Ungleichheit im Homeschooling – Medien, Unterstützung, familiärer Rahmen. Unveröffentlichte Bachelorarbeit. Universität Mainz.

Beher, K., Haenisch, H., Hermens, C., Nordt, G., Prein, G. & Schulz, U. (2007): Offene Ganztagsschule in der Entwicklung. Empirische Befunde zum Primarbereich in Nordrhein-Westfalen. Weinheim: Juventa.

Bennewitz, H. & Bräu, K. (2022): Hausaufgaben in der Familienöffentlichkeit. In: B. Hünersdorf, G. Breidenstein, J. Dinkelaker, O. Schnoor & T. Tyagunova (Hrsg.), Going public? Erziehungswissenschaftliche Ethnographie und ihre Öffentlichkeiten (S. 103–117). Wiesbaden: Springer VS.

Bennewitz, H. & Pag, H. (2023): Der »Schulplaner«. Hausaufgabenhefte in ethnografischer Perspektive. In: K. Bräu, L. Fuhrmann & P. Rother (Hrsg.), Die verborgenen Seiten von Hausaufgaben (S. 92–104). Weinheim: Beltz Juventa.

Blömeke, S., Risse, J., Müller, C., Eichler, D. & Schulz, W. (2006): Analyse der Qualität von Aufgaben aus didaktischer und fachlicher Sicht. Ein allgemeines Modell und seine exemplarische Umsetzung im Unterrichtsfach Mathematik. Unterrichtswissenschaft, 34 (4), 330–357.

Börner, N., Beher, K., Düx, W. & Züchner, I. (2010): Lernen und Fördern aus Sicht der Eltern. In: Wissenschaftlicher Kooperationsverbund (Hrsg.), Lernen und Fördern in der offenen Ganztagsschule (S. 143–225). Weinheim: Beltz Juventa.

Bräu, K. (2023): Elternbeteiligung an Hausaufgaben – eine verbreitete und doch zu verbergende Praxis. In: K. Bräu, L. Fuhrmann & P. Rother (Hrsg.), Die verborgenen Seiten von Hausaufgaben (S. 192–205). Weinheim: Beltz Juventa.

Bräu, K. (2020): Die stummen Praktiken des Hausaufgabenmachens. Chancen und Probleme einer Videografie schulischer Aufgaben im familialen Umfeld. In: C. Corsten, M. Pierburg, D. Wolff, K. Hauenschild, B. Schmidt-Thieme, U. Schütte, & S. Zourelidis (Hrsg.), Qualitative Videoanalyse in Schule und Unterricht (S. 189–201). Weinheim: Beltz Juventa.

Literatur

Bräu, K. (2017a): »Mama, wird einkaufen groß geschrieben?« Eltern als Helfer und Hilfslehrer. Friedrich Jahresheft XXXV, 18–20.

Bräu, K. (2017b): Eltern und Schule am Beispiel von Hausaufgaben. In: T. Burger & N. Miceli (Hrsg.), Empirische Forschung im Kontext Schule. Einführung in theoretische Aspekte und methodische Zugänge (S. 205–217). Wiesbaden: Springer VS.

Bräu, K. (2015): Schüler-Lehrer-Gespräche: Lernberatung. In: H. de Boer & M. Bonanati (Hrsg.), Gespräche über Lernen – Lernen im Gespräch. Schulische Gespräche aus qualitativ-empirischer Perspektive (S. 125–142). Wiesbaden: Springer VS.

Bräu, K. & Breit, J. (2023): Hausaufgabenüberprüfungen. Wenn Hausaufgaben zu Leistungssituationen werden. In: K. Bräu, L. Fuhrmann & P. Rother (Hrsg.), Die verborgenen Seiten von Hausaufgaben (S. 119–135). Weinheim: Beltz Juventa.

Bräu, K. & Fuhrmann, L. (2022): Hausaufgaben. In: M. Harring, C. Rohlfs, M. Gläser-Zikuda (Hrsg.), Handbuch Schulpädagogik: 2. aktualisierte und erweiterte Auflage (S. 542–551). Stuttgart: UTB.

Bräu, K. & Fuhrmann, L. (2019): Techniken der Imagepflege als Teil schulischer Leistungserzeugung. sozialersinn 20 (1), 41–57.

Bräu, K. & Fuhrmann, L. (2015): Die soziale Konstruktion von Leistung und Leistungsbewertung. In: K. Bräu & C. Schlickum (Hrsg.), Soziale Konstruktionen in Schule und Unterricht (S. 49–64). Opladen: Barbara Budrich.

Bräu, K., Harring, M. & Weyl, C. (2017): Homework practices. Role conflicts concerning parental involvement. Ethnography and Education, 12 (1), 64–77.

Breidenstein, G. (2014): Die Individualisierung des Lernens unter den Bedingungen der Institution Schule. In: B. Kopp, S. Martschinke, M. Munser-Kiefer, M. Haider, E.-M. Kirschhock, G. Ranger & G. Renner (Hrsg.), Individuelle Förderung und Lernen in der Gemeinschaft, Jahrbuch Grundschulforschung 17 (S. 35–50). Wiesbaden: Springer VS.

Breidenstein, G. (2006): Teilnahme am Unterricht. Ethnografische Studien zum Schülerjob. Wiesbaden: Springer VS.

Breidenstein, G. & Meier, M. (2004): »Streber« – Zum Verhältnis von Peer Kultur und Schulerfolg. Pädagogische Rundschau 58 (5), 549–563.

Breidenstein, G. & Rademacher, S. (2017): Individualisierung und Kontrolle. Empirische Studien zum geöffneten Unterricht in der Grundschule. Wiesbaden: Springer VS.

Breidenstein, G. & Thompson, C. (2014): Schulische Leistungsbewertung als Praxis der Subjektivierung. In: C. Thompson, K. Jergus & G. Breidenstein (Hrsg.), Interferenzen. Perspektiven kulturwissenschaftlicher Bildungsforschung (S. 89–109). Weilerswist: Velbrück Wiss.

Budde, J. & Bittner, M. (2018): Praktiken der Differenz in der Schnittmenge von Schule und Familie. In: C. Thon, M. Menz, M. Mai & L. Abdessadok (Hrsg.), Kindheiten zwischen Familie und Kindertagesstätte. Kinder, Kindheiten und Kindheitsforschung (S. 225–243). Wiesbaden: Springer VS.

Budde, J. & Geßner, J. (2017): Ethnografie der Hausaufgaben. In: T. Burger & N. Miceli (Hrsg.), Empirische Forschung im Kontext Schule. Einführung in theoretische Aspekte und methodische Zugänge (S. 235–252). Wiesbaden: Springer VS.

Chandler, J., Argyris, D., Barnes, W. S., Goodman, I. F. & Snow, C. E. (1986): Parents as Teachers. Observations of Low-Income Parents and Children in a homework-like Task. In: B. B. Schieffelin & G. Perry (Hrsg.), The Acquisition of Literacy: Ethnographic Perspectives (S. 171–187). Norwood: Ablex.

Cooper, H., Lindsay, J. J. & Nye, B. (2000): Homework in the home: How student, family, and parenting-style differences relate to the homework process. Contemporary Educational Psychology, 25 (4), 464–487.

Coutts, P. M. (2004): Meanings of Homework and Implications for Practice. Theory into Practice, 43 (3), 182–188.

Dannesboe, K. I. (2016): Ambiguous Involvement: Children's Construction of Good Parenthood. In: A. Sparrman, A. Westerling, J. Lind & K. J. Dannesboe (Hrsg.), Doing Good Parenthood. Ideals and Practices of Parental Involvement (S. 65–75). Cham: Palgrave Macmillan.

Deckert-Peaceman, H. (2023): Kinder, Autonomie und Hausaufgabenbetreuung. In: K. Bräu, L. Fuhrmann & P. Rother (Hrsg.), Die verborgenen Seiten von Hausaufgaben (S. 136–147). Weinheim: Beltz Juventa.

Deckert-Peaceman, H. (2009): Zwischen Unterricht, Hausaufgaben und Freizeit. Über das Verhältnis von Peerkultur und schulischer Ordnung in der Ganztagsschule. In: H. de Boer & H. Deckert-Peaceman (Hrsg.), Kinder in der Schule. Zwischen Gleichaltrigenkultur und schulischer Ordnung (S. 85–102). Wiesbaden: VS.

Dettmers, S., Trautwein, U. & Lüdtke, O. (2009): Eine Frage der Qualität? Die Rolle der Hausaufgabenqualität für Hausaufgabenverhalten und Leistung. Unterrichtswissenschaft, 37 (3), 196–212.

Dieckmann, K., Höhmann, K. & Tillmann, K. (2007): Schulorganisation, Organisationskultur und Schulklima an ganztägigen Schulen. In: H.-G. Holtappels, E. Klieme, T. Rauschenbach & L. Stecher (Hrsg.), Ganztagsschule in Deutschland. Ergebnisse der Ausgangserhebung der »Studie zur Entwicklung von Ganztagsschulen« (StEG) (S. 164–185). Weinheim: Beltz Juventa.

Dumont, H., Trautwein, U., Lüdtke, O., Neumann, M., Niggli, A. & Schnyder, I. (2012): Does parental homework involvement mediate the relationship between family background and educational outcomes? Contemporary Educational Psychology, 37 (1), 55-69.

Fickermann, D. & Edelstein, B. (Hrsg.) (2020): »Langsam vermisse ich die Schule ...« Schule während und nach der Corona-Pandemie. Münster: Waxmann.

Fölling-Albers, M., Haider, T. & Meidenbauer, H. (2010): Schule ist auch nach der Schule. Schulbezogene Aktivitäten, Gespräche und Gedanken in der unterrichtsfreien Zeit. Zeitschrift für Soziologie der Erziehung und Sozialisation, 30 (4), 406-420.

Fuhrmann, L. (2024): Von der Vorbereitung bis zum Ersatz des Unterrichts – Arten von Hausaufgaben und ihre didaktischen Funktionen. Schulmagazin 5-10, 92 (1/2), 10-13.

Fuhrmann, L. (2023a): Vergeben und vergessen?! Die Hausaufgabenvergabe im Unterricht. In: K. Bräu, L. Fuhrmann & P. Rother (Hrsg.), Die verborgenen Seiten von Hausaufgaben (S. 78-91). Weinheim: Beltz Juventa.

Fuhrmann, L. (2023b): Hausaufgaben – unter oder außer Kontrolle? Zu den verborgenen Seiten der Hausaufgabenkontrolle im Unterricht. In: K. Bräu, L. Fuhrmann & P. Rother (Hrsg.), Die verborgenen Seiten von Hausaufgaben (S. 105-118). Weinheim: Beltz Juventa.

Fuhrmann, L. (2022): Hausaufgaben im Unterricht. Ethnographie eines schulischen Entgrenzungsphänomens. Bad Heilbrunn: Klinkhardt.

Fuhrmann, L. (2020): Pizza und Liebe im Unterricht – Die Konstruktion von Wissen über lebensweltbezogene Aufgaben. Zeitschrift für interpretative Schul- und Unterrichtsforschung, 9 (9), 38-51.

Fuhrmann, L. (2017): Peers oder Punkte. Leistungskonstruktion zwischen peerrelevanten und schulischen Anforderungen. In: T. Burger & N. Miceli (Hrsg.), Empirische Forschung im Kontext Schule. Einführung in theoretische Aspekte und methodische Zugänge (S. 273-289). Wiesbaden: Springer VS.

Fuhrmann, L. & Bennewitz, H. (2023): Der »Schulplaner«. Zum Artefakt einer gemeinsamen Praxis von Schule und Familie. Zeitschrift für Soziologie der Erziehung und Sozialisation, 43 (1), 56-74.

Fuhrmann, L., Bräu, K. & Breit, J. (2023): Hausaufgabenüberprüfungen. Zwischen rechtlichen Bestimmungen und praktischer Ausgestaltung. SchulVerwaltung HE/RP, 28 (3), 76-78.

Gaiser, J. M., Sauerwein, M. & Kielblock, S. (2020): Außerunterrichtliche Lern- und Förderarrangements an Ganztagsschulen: Bundesweite Trendanalysen und vertiefende Fallstudien. Psychologie in Erziehung und Unterricht, 67 (4), 243-261.

Gellert, U. & Hümmer, A.-M. (2008): Soziale Konstruktion von Leistung im Unterricht. Zeitschrift für Erziehungswissenschaft, 11 (2), 288-311.

Geßner, J. (2015): Hausaufgabenkontrolle im Unterricht. In: J. Budde, N. Blasse, A. Bossen & G. Rißler (Hrsg.), Heterogenitätsforschung. Empirische und theoretische Perspektiven (S. 141-164). Weinheim: Beltz Juventa.

Gosse, K. (2019): Pädagogisch betreut. Die offene Kinder- und Jugendarbeit und ihre Erziehungsverhältnisse im Kontext der (Ganztags-)Schule. Wiesbaden: Springer VS.

Grolnick, W. S. & Pomerantz, E. M. (2009): Issues and Challenges in Studying Parental Control: Toward a New Conceptualization. Child Development Perspectives, 3 (3), 165-170.

Haag, L. (1991): Hausaufgaben am Gymnasium. Eine empirische Untersuchung. Weinheim: Beltz Juventa.

Haag, L. & Mischo, C. (2002): »Saisonarbeiter« in der Schule – einem Phänomen auf der Spur. Zeitschrift für pädagogische Psychologie, 16 (2), 109-115.

Hascher, T. & Hofmann, F. (2011): Hausaufgaben aus der Sicht von (angehenden) Lehrerinnen und Lehrern. Die Deutsche Schule, 103 (3), 219-234.

Hascher, T. & Hofmann, F. (2008): Kompetenzbereich Hausaufgaben. In: M. Gläser-Zikuda & J. Seifried (Hrsg.), Lehrerexpertise. Analyse und Bedeutung unterrichtlichen Handelns (S. 143-164). Münster: Waxmann.

Hattie, J. (2008): Visible Learning: A Synthesis of over 800 Meta-Analyses Relating to Achievement. London u. a.: Routledge.

Hintz, D., Pöppel, K. G. & Rekus, J. (1995): Hausaufgaben. In: D. Hintz, K. G. Pöppel & J. Rekus (Hrsg.), Neues schulpädagogisches Wörterbuch (S. 139-142). Weinheim: Beltz Juventa.

Hofer, M., Schmid, S. & Zivkovic, I. (2008): Schule-Freizeit-Konflikte, Wertorientierungen und motivationale Interferenz in der Freizeit. Eine kulturübergreifende Studie. Zeitschrift für Entwicklungspsychologie und Pädagogische Psychologie, 40 (2), 55-68.

Höhmann, K. & Schaper, S. (2008): Hausaufgaben. In: T. Coelen & H.-U. Otto (Hrsg.), Grundbegriffe Ganztagsbildung. Das Handbuch (S. 576-584). Wiesbaden: Springer VS.

Kalthoff, H. & Dittrich, T. (2016): Unterscheidung und Härtung: Bewertungs- und Notenkommunikation zwischen Lehrerzimmer und Zeugniskonferenz. Berliner Journal für Soziologie, 26 (3), 459-483

Katenbrink, N. (2014): Autonomie und Heteronomie: Peers und Schule. Das Beispiel eines reformpädagogischen Internats. Leverkusen: Budrich.

Kaufmann, E. & Wach, K. (2010): Die soziale Konstruktion der Hausaufgabensituation. München: DJI. Online verfügbar unter: https://www.dji.de/filead min/user_upload/bibs/598_12122_Endfassung_Hausaufgaben.pdf, Zugriff am 20.10.2023.

Kesselhut, K. (2023): Good reasons for bad kitchen tables. Familiale Orte der Hausaufgabenbearbeitung. In: K. Bräu, L. Fuhrmann & P. Rother (Hrsg.), Die verborgenen Seiten von Hausaufgaben (S. 206–218). Weinheim: Beltz Juventa.

Killus, D. & Paseka, A. (2014): Elterliches Engagement für das schulische Lernen des eigenen Kindes. In: D. Killus & K.-J. Tillmann (Hrsg.), Eltern zwischen Erwartungen, Kritik und Engagement. Ein Trendbericht zu Schule und Bildungspolitik in Deutschland. Die 3. JAKO-O Bildungsstudie (S. 131–148). Münster: Waxmann.

Klafki, W. (2007): Neue Studien zur Bildungstheorie und Didaktik. Zeitgemäße Allgemeinbildung und kritisch-konstruktive Didaktik. 6., neu ausgestattete Auflage. Weinheim: Beltz Juventa.

Klafki, W. (1958): Didaktische Analyse als Kern der Unterrichtsvorbereitung. Die deutsche Schule, 50 (10), 450–471.

Kliche, H. (2022): »Er schlägt seine Hefte auf und wischt gelangweilt über die Seiten« – Zu Körperpraktiken bei der Hausaufgabenbearbeitung in Heimerziehung. In: L. Fuhrmann & Y. Akbaba (Hrsg.), Schule zwischen Wandel und Stagnation (S. 331–346). Wiesbaden: Springer VS.

Knauf, H. (2023): Lernen auf Distanz während der Coronapandemie. Zeitschrift für Grundschulforschung, 16, 465–479.

Kohler, B. (2020): Die Hausaufgabenvergabe im Unterricht: Eine Beobachtungsstudie an Grundschulen. Zeitschrift für Grundschulforschung, 13 (1), 133–150.

Kohler, B. & Katenbrink, N. (2023): Vielfach praktiziert und dennoch verborgen: Das Abschreiben von Hausaufgaben. In: K. Bräu, L. Fuhrmann & P. Rother (Hrsg.), Die verborgenen Seiten von Hausaufgaben (S. 233–248). Weinheim: Beltz Juventa.

Kohler, B, Merk, S. & Zengerle, I. (2013): Hausaufgaben abschreiben. Täuschungsverhalten aus theoretischer, empirischer und praktischer Perspektive. Pädagogik, 65 (3), 18–21.

Kolbe, F.-U. & Reh, S. (2009): Adressierung und Aktionsofferten. Möglichkeiten und Grenzen der Bearbeitung der Differenz von Aneignen und Vermitteln in pädagogischen Praktiken von Ganztagsschulen; Zwischenergebnisse aus dem Projekt »Lernkultur- und Unterrichtsentwicklung an Ganztagsschulen« (LUGS). In: L. Stecher, C. Allemann-Ghionda, W. Helsper & E. Klieme (Hrsg.), Ganztägige Bildung und Betreuung. Zeitschrift für Pädagogik, Beiheft 54, 168–187.

Krappmann, L. & Oswald, H. (1995): Alltag der Schulkinder: Beobachtungen und Analysen von Interaktionen und Sozialbeziehungen. Weinheim: Beltz Juventa.

Krinninger, D., Kesselhut, K. & Kluge, M. (2018): Schreibtisch. Maltisch. Abstelltisch. Empirische und theoretische Perspektiven auf die Materialität familialer Pädagogik. In: A. Tervooren & R. Kreitz (Hrsg.), Dinge und Raum in der qualitativen Bildungs- und Biographieforschung (S. 139-156). Opladen u. a.: Budrich.

Landers, M. (2013): Buying in and Checking out: Identity Development and Meaning Making in the Practice of Mathematics Homework. Qualitative Research in Education, 2 (2), 130-160.

Lange, A. & Thiessen, B. (2018): Eltern als Bildungscoaches? Kritische Anmerkungen aus intersektionalen Perspektiven. In: K. Jergus, J. O. Krüger & A. Roch (Hrsg.), Elternschaft zwischen Projekt und Projektion. Aktuelle sozialwissenschaftliche Perspektiven auf Eltern (S. 273-293). Wiesbaden: Springer VS.

Lipowsky, F., Rakoczy, K., Klieme, E., Reusser, K. & Pauli, C. (2004): Hausaufgabenpraxis im Mathematikunterricht ein Thema für die Unterrichtsqualitätsforschung? In: J. Doll & M. Prenzel (Hrsg.), Bildungsqualität von Schule. Lehrerprofessionalisierung, Unterrichtsentwicklung und Schülerförderung als Strategien der Qualitätsentwicklung (S. 250-266). Münster: Waxmann.

Maier, U., Kleinknecht, M., Metz, K. & Bohl, T. (2010): Ein allgemeindidaktisches Kategoriensystem zur Analyse des kognitiven Potenzials von Aufgaben. Beiträge zur Lehrerinnen- und Lehrerbildung, 28 (1), 84-96.

Medienpädagogischer Forschungsverbund Südwest (2021): JIM-Studie 2021. Jugend – Information – Medien. Basisuntersuchung zum Medienumgang 12- bis 19-Jähriger. Stuttgart: Landesanstalt für Kommunikation. Online verfügbar unter: https://www.mpfs.de/fileadmin/files/Studien/JIM/2021/JIM-Studie_2021_barrierefrei.pdf, Zugriff am 20.10.2023.

Medienpädagogischer Forschungsverbund Südwest (2016): JIM 2016. Jugend, Information, (Multi-)Media. Basisstudie zum Medienumgang 12- bis 19-Jähriger in Deutschland. Stuttgart: Landesanstalt für Kommunikation. Online verfügbar unter: https://www.mpfs.de/fileadmin/files/Studien/JIM/2016/JIM_Studie_2016.pdf, Zugriff am 20.10.2023.

Meier, M. (2011): Die Praktiken des Schulerfolgs. In: K. U. Zaborowski, M. Meier & G. Breidenstein (Hrsg.), Leistungsbewertung und Unterricht. Ethnographische Studien zur Bewertungspraxis im Gymnasium (S. 39-161). Wiesbaden: Springer VS.

Mohn, E. & Amann, K. (2006): Lernkörper. Kamera-ethnographische Studien zum Schülerjob. Hannover: IWF Wissen und Medien.

Moroni, S., Dumont, H. & Trautwein, U. (2016a): Keine Hausaufgaben ohne Streit? Eine empirische Untersuchung zu Prädiktoren von Streit wegen Hausaufgaben. Psychologie in Erziehung und Unterricht, 63 (2), 107-121.

Moroni, S., Dumont, H. & Trautwein, U. (2016b): Typen elterlicher Hausaufgabenhilfe und ihr Zusammenhang mit der familialen Sozialisation. Zeitschrift für Entwicklungspsychologie und Pädagogische Psychologie, 48 (3), 111–128.

Nieswandt, M. (2014): Hausaufgaben *yapmak*. Ein ethnographischer Blick auf den Familienalltag. Bad Heilbrunn: Klinkhardt.

Nilshon, I. (2001): Hausaufgaben. In: D. Rost (Hrsg.), Handwörterbuch Pädagogische Psychologie (S. 230–238). Weinheim: Beltz Juventa.

Nordt, G. (2020): Hausaufgaben – Schulaufgaben – Lernzeiten. In: P. Bollweg, J. Buchna, T. Coelen & H.-U. Otto (Hrsg.), Handbuch Ganztagsbildung (S. 1045–1061). Wiesbaden: Springer VS.

Nordt, G. (2013): Lernen und Fördern in der Hausaufgabenpraxis der offenen Ganztagsgrundschule in Nordrhein-Westfalen. Eine qualitative Studie aus der Perspektive der pädagogischen Kräfte und der Kinder. Münster: Waxmann.

Petersen, J., Reinert, G.-B. & Stephan, E. (1990): Betrifft: Hausaufgaben. Frankfurt a. M.: Peter Lang.

Pölert, H. (2023): Künstliche Intelligenz. Erste Ansatzpunkte für Schul- und Unterrichtsentwicklung. SchulVerwaltung HE/RP, 28 (3), 68–72.

Rabenstein, K. & Podubrin, E. (2015): Praktiken individueller Zuwendung in Hausaufgaben- und Förderangeboten. Empirische Rekonstruktionen pädagogischer Ordnungen. In: S. Reh, B. Fritzsche, T.-S. Idel & K. Rabenstein (Hrsg.), Lernkulturen. Rekonstruktion pädagogischer Praktiken an Ganztagsschulen (S. 219–263). Wiesbaden: Springer VS.

Rolff, H.-G., Klemm, K. & Tillmann, K.-J. (1982): Jahrbuch der Schulentwicklung. Weinheim: Beltz.

Roßbach, H.-G. (1995): Hausaufgaben in der Grundschule. Ergebnisse einer empirischen Untersuchung. Die Deutsche Schule, 87 (1), 103–111.

Rother, P. & Sauerwein, M. (2023): Hausaufgaben in Ganztagsschulen: Informelle Strategien von Schüler:innen. In: K. Bräu, L. Fuhrmann & P. Rother (Hrsg.), Die verborgenen Seiten von Hausaufgaben (S. 148–162). Weinheim: Beltz Juventa.

Rummler, K. (2018): Hausaufgaben und Medien. Lern- und Medienbildungsprozesse am Übergang zwischen formellen und informellen Kontexten. Zürich: Pädagogische Hochschule Zürich. Online verfügbar unter: https://doi.org/10.5281/zenodo.1169629, Zugriff am 20.10.2023.

Rummler, K., Grabensteiner, C. & Schneider Stingelin, C. (2023): Hausaufgaben mit Medien erledigen und abschreiben. Formen der Mediennutzung im Rahmen häuslicher Lernaktivitäten von Schüler*innen aus dem Blickwinkel soziokultureller Ökologie. In: K. Bräu, L. Fuhrmann & P. Rother (Hrsg.), Die verborgenen Seiten von Hausaufgaben (S. 219–232). Weinheim: Beltz Juventa.

Sauerwein, M. & Rother, P. (2022): Hilfestellung in der Hausaufgabenbetreuung und den Lernzeiten aus der Perspektive von Schüler:innen. Zeitschrift für Erziehungswissenschaft, 25 (4), 975-998.

Schnyder, I., Niggli, A., Cathomas, R. & Trautwein, U. (2006): Unterscheidet sich das Hausaufgabenverhalten von Schülern aus unterschiedlichen Klassen? Befunde einer Mehrebenenanalyse im Fach Französisch. Schweizerische Zeitschrift für Bildungswissenschaft en, 28 (2), 295-313.

Standop, J. (2013): Hausaufgaben in der Schule. Theorie, Forschung, didaktische Konsequenzen. Bad Heilbrunn: Klinkhardt.

StEG-Konsortium (2019): Ganztagsschule 2017/2018. Deskriptive Befunde einer bundesweiten Befragung. Frankfurt/M. u. a.: DIPF, DJI, IFS, Justus-Liebig-Universität. Online verfügbar unter: https://www.pedocs.de/volltexte/2019/17105/pdf/Ganztagsschule_2017_2018_StEG.pdf, Zugriff am 20.10.2023.

Trautwein, U., Köller, O. & Baumert, J. (2001): Lieber oft als viel: Hausaufgaben und die Entwicklung von Leistung und Interesse im Mathematik-Unterricht der 7. Jahrgangsstufe. Zeitschrift für Pädagogik, 47 (5), 703-724.

Trautwein, U. & Lüdtke, O. (2009): Predicting homework motivation and homework effort in six school subjects: The role of person and family characteristics, classroom factors, and school track. Learning and Instruction, 19 (3), 243-258.

Trudewind, C. & Wegge, J. (1989): Anregung – Instruktion – Kontrolle. Die verschiedenen Rollen der Eltern als Lehrer. Unterrichtswissenschaft, 17 (2), 135-155.

Vester, M. (2006): Die ständische Kanalisierung der Bildungschancen. Bildung und soziale Ungleichheit zwischen Boudon und Bourdieu. In: W. Georg (Hrsg.), Soziale Ungleichheit im Bildungssystem. Eine empirisch-theoretische Bestandsaufnahme (S. 13-54). Konstanz: UVK Verl.-Ges.

Wagner, P. (2005): Häusliche Arbeitszeit für die Schule. Eine Typenanalyse. Münster: Waxmann.

Weinert, F. E. (2001): Vergleichende Leistungsmessung in Schulen – eine umstrittene Selbstverständlichkeit. In: Ders. (Hrsg.), Leistungsmessungen in Schulen (S. 17-31). Weinheim: Beltz Juventa.

Wernet, A. (2023): Die Hausaufgabenkontrolle als Ort der diffusen Entgrenzung unterrichtlicher Interaktion. In: K. Bräu, L. Fuhrmann & P. Rother (Hrsg.), Die verborgenen Seiten von Hausaufgaben (S. 31-49). Weinheim: Beltz Juventa.

Wild, E. & Gerber, J. (2007): Charakteristika und Determinanten der Hausaufgabenpraxis in Deutschland von der vierten zur siebten Klassenstufe. Zeitschrift für Erziehungswissenschaft, 10 (3), 356-380.

Wingard, L. & Forsberg, L. (2009): Parent involvement in children's homework in American and Swedish dual-earner families. Journal of Pragmatics, 41 (8), 1576–1595.

Wittmann, B. (1964): Vom Sinn und Unsinn der Hausaufgaben. Neuwied: Luchterhand.

Xu, J. (2006): Gender and Homework Management reported by High School Students. Educational Psychology, 26 (1), 73–91.

Xu, J. & Corno, L. (1998): Case Studies of Families Doing Third-Grade Homework. Teachers College Record, 100 (2), 402–436.

Zaborowski, K. U. & Breidenstein, G. (2011): Disciplinary Technologies and Pupil Redisposition: School Equipment and Homework Diaries. Ethnography and Education, 6 (2), 147–160.

Zaborowski, K. U., Meier, M. & Breidenstein, G. (2011): Leistungsbeurteilung und Unterricht. Ethnographische Studien zur Bewertungspraxis in Gymnasium und Sekundarschule. Wiesbaden: Springer VS.